LA MAGIA DEL FÚTBOL

DAVID SMITH

ASESOR TÉCNICO
SHAUN GORE

FOTOGRAFÍA A CARGO DE
ALEX HENDERSON

EDITORIAL PAIDOTRIBO

Reconocimientos:
Director de edición: Laura Bamford
Director creativo: Keith Martin
Cubierta y diseño: Vivek Bhatia
Director de diseño: Bryan Dunn
Editor: Adam Ward
Comisión fotográfica: Alex Henderson
Búsqueda de fotografías: Maria Gibbs
Producción: Bonnie Ashby
Asesor técnico: Shaun Gore

NOTA DEL AUTOR

Son muchas las personas a las que debo agradecer su laboriosa participación en este libro. Primero de todo, a Shaun Gore por sus consejos y ayuda en todo el proyecto. También agradezco a Chris Pearce, Michael Cole, Laurance Batty y Paul Murphy su buen humor y paciencia durante los tres días que duró la sesión fotográfica. También doy las gracias a Tim Gardner y a Umbro Reino Unido por suministrar el equipo para la sesión fotográfica, y al personal del centro universitario de Guildford, que nos dio alojamiento tres días soleados de septiembre.

NOTA DEL EDITOR

No es la primera vez que la editorial Hamlyn contrae una deuda con Dave Smith por su trabajo y buen humor. Especialmente, agradezco a David que organizara la sesión fotográfica y escribiera el prólogo del libro. David también aportó su granito de arena de magia futbolística durante la sesión fotográfica ejecutando un perfecto movimiento de Ardiles (a la carrera) con las botas puestas.

ESPINILLERAS

En muchas de las fotografías de este libro los jugadores aparecen sin espinilleras, pese a lo cual recomendamos llevarlas siempre en entrenamientos y partidos.

LA DIESTRA Y LA ZURDA

Todos los futbolistas deberían sentirse a gusto utilizando ambas piernas. Por este motivo, en todo el libro aparecen ejemplos combinados de bilateralidad en que se emplean las piernas derecha o izquierda.

© Título original de la obra: Football Wizardry
Octopus Publishing Group Ltd.

Traducido por: Pedro González del Campo Román

© 2000, David Smith
Editorial Paidotribo
Consejo de Ciento, 245 bis, 1.º 1.ª
08011 Barcelona
Tel. 93 323 33 11 – Fax. 93 453 50 33
http://www.paidotribo.com
e-mail: paidotribo@paidotribo.com

Primera edición:
ISBN: 84-8019-470-7
Fotocomposición: Editor Service, S.L.
Diagonal, 299 – 08013 Barcelona
Printed and bound in China

TÉCNICA BÁSICA 10

MALABARISMOS 20

PASES 32

JUGADAS ENSAYADAS 50

ZAFARSE DEL CONTRARIO 66

FINALIZACIÓN DE JUGADAS 86

Durante los siete años que jugué con la
selección inglesa tuve la suerte de acudir a
dos mundiales. La habilidad desplegada en
ellos fue para quitar el aliento y conservo
muy buenos recuerdos de los mundiales de
México e Italia.

Pocas cosas proporcionan tanto placer en el fútbol como marcar un gol, hacer un pase incisivo o dejar clavado a un contrario con un regate, y, sin embargo, los momentos más grandes para hinchas y jugadores se producen cuando algún futbolista destapa el tarro de las esencias y hace algo inesperado, como un toque genial, un regate inteligente, un pase medido o un remate innovador. Estos destellos de habilidad se graban en la memoria y nos recuerdan por qué nos apasionó por vez primera lo que Hunter Davies describió como el *juego glorioso*.

Durante mi larga trayectoria deportiva he tenido la suerte de jugar junto a unos cuantos fuera de serie capaces de sacarse de la chistera jugadas imprevisibles. En Newcastle tuve por compañeros a Peter Beardsley y Kevin Keagan; ambos jugadores no sólo eran habilidosos con el balón, sino también muy trabajadores. Aprendí mucho observando sus remates letales y sus pases creativos. Cuando me traspasaron al Tottenham, compartí el medio campo del White Hart Lane con dos de los jugadores mejor dotados de Inglaterra: Glenn Hoddle y Paul Gascoigne. Aunque Gleen y Paul era jugadores muy distintos, ambos poseían una técnica increíble y el don de poder cambiar el sino de los partidos. Más recientemente, he disfrutado jugando con estrellas europeas como Jean Pierre Papin y Eric Cantona en Marsella, y Marc Degryse y Dan Petrescu en Sheffield Wednesday.

Sin excepción, estos talentos individuales compartían una pasión genuina por el fútbol y trabajaban duro para mantener y mejorar su juego. También me satisface decir que enseñaban gustosos estos movimientos y trucos a sus compañeros de equipo.

Muchas de las habilidades que hacen las delicias del público y aparecen en este libro son producto de la inventiva de jugadores como Gascoigne, Cantona y Papin. No importa en qué posición juegue uno ni el nivel de juego que se posea; practicando y perfeccionando las técnicas mostradas en este libro serás un jugador más seguro y obtendrás más placer de la práctica del fútbol. No importa lo bien que uno marque al contrario, cubra el balón o defienda; sin el recorte de Cruyff, el regate amagado de Matthews y la finta de Beardsley, el fútbol sería mucho más aburrido y, desde luego, yo no disfrutaría tanto con él.

Chris Waddle, Burnley, 1998

PRÓLOGO

"El fútbol no consiste en ganar, meter goles, hacer paradas o en la hinchada... sino en lograr la gloria. Consiste en hacer las cosas con clase, con virtuosismo; se trata de salir a ganar, y no esperar a que el contrario se muera de aburrimiento."

Danny Blanchflower

CONJURA TU MAGIA

"Siempre supe que era mejor que los demás. Su problema era quitarme la pelota, y no lo conseguían."

George Best, jugador del Manchester United, Fulham e Irlanda del Norte

Es posible narrar la historia del deporte con más devotos en el mundo a través de las leyendas del fútbol que han dotado de brillantez al juego con su impresionante habilidad. El concepto moderno del fútbol holandés, por ejemplo, está igualmente forjado por los recortes de Cruyff como por los trofeos del Ajax o los mundiales de 1974 y 1978. De la misma forma, George Best y su derroche técnico son sinónimos del juego del Manchester United.

Las hazañas de Cruyff, Best, Pelé, Maradona, Platini y compañía han garantizado que el fútbol sea el deporte más popular del mundo. Durante muchos años los trucos de estos maestros modernos han tenido en vilo a los hinchas en sus asientos y a los defensas de los equipos contrarios clavados en el suelo. Los mejores jugadores emplean todo un arsenal de técnicas de ataque que se van filtrando por imitación a los jugadores junior y amateur de tal forma que, hoy en día, los recortes de Cruyff, los regates atravesados y el control del balón se emplean en parques, patios de colegio, playas y centros deportivos de todo el mundo.

Las técnicas de defensa, como los tacklings y la cobertura clásica corriendo con el balón son aspectos esenciales del juego moderno, pero no tienen el mismo gancho que las jugadas que se enseñan en este libro. Todos los jugadores, sin importar su posición en el campo ni su grado de habilidad, quisieran tener la técnica de controlar el balón, engañar a sus marcadores y acabar las jugadas con un gol fríamente ejecutado. Sin embargo, antes de poder decidir un partido con un chispazo de magia hay que trabajar duro en los entrenamientos para desarrollar los elementos básicos del control del balón, el equilibrio y la técnica. Sin estos tres elementos, las opciones de ataque serán limitadas; por ello, si los cimientos son correctos se podrá comenzar a adquirir técnicas avanzadas.

En *La magia del fútbol* se muestran las técnicas clave desarrolladas por los mejores futbolistas del mundo para engañar a los contrarios y entretener al público. Con dedicación y práctica también tú podrás perfeccionar los trucos y movimientos de los fuera de serie.

Franz Beckenbauer se prepara para dar un pase con el empeine exterior. El defensa alemán era famoso por sus pases precisos con los cuales a menudo se iniciaba el ataque.

Los recortes de Cruyff, los regates atravesados, las fintas y trucos son eficaces e impresionantes cuando se ejecutan correctamente, pero si la técnica básica deja mucho que desear, no serán más que extravagancias embarazosas. Nada hay más frustrante que un compañero intente y falle un regate de fantasía, en vez de dar un pase de tres metros. Antes de poder añadir emocionantes quiebros y regates a tu destreza futbolística, hay que dominar los aspectos básicos del control del balón. Un buen primer toque es esencial para potenciar la calidad de otras técnicas más avanzadas.

Sea cual sea el nivel técnico de juego, cuando un jugador recibe el balón siempre le sale un marcador. Cuanto mejor se controle la pelota, más tiempo habrá de dominarla y pensar las posibles opciones de juego, y menos tiempo tendrá el marcador para entrarle. Si se domina la técnica básica, se podrá pensar más en qué hacer a continuación que en preocuparse de controlar la pelota. Y si el primer toque es bueno, las posesiones de balón serán más fáciles y habrá más posibilidades de desplegar toda la artillería técnica.

Incluso cuando se esté satisfecho con el primer toque y la técnica básica, no siempre que se está en posesión del balón hay que tratar de regatear al marcador. Muchas veces la mejor opción consiste en hacer un pase sencillo, mantener la posesión y esperar a que surja una oportunidad. También es verdad que incluso las habilidades más impresionantes puede volverse predecibles si se emplean en exceso; por eso si se varían las jugadas, el marcador nunca sabrá lo que vas a hacer.

Golpeo correcto del balón

El arte que primeramente deben dominar todos los futbolistas es el golpeo correcto del balón. Parece sencillo y obvio, pero, a menos que uno se haga con esta habilidad básica, no se podrá pasar a las técnicas más complejas descritas en este libro.

El primer toque y el control básico del balón también son aspectos importantes y prioritarios. Sin embargo, en principio, lo más importante es concentrarse en golpear el balón correctamente, con precisión e intención. Para esa minoría afortunada de jugadores privilegiados, este acto, sencillo en apariencia, se domina de forma natural desde una edad muy temprana. Para el resto de jugadores se requiere práctica y, en muchos casos, perseverancia.

Golpear el balón con eficacia y mantener la posesión son aspectos fundamentales tanto a nivel individual como colectivo para el equipo en que juegues. Para pasar a los compañeros con la precisión y la fuerza correcta hay que sentirse cómodos con la pelota en los pies y estar seguros de conseguir una buena entrega. Para controlar completamente el balón y lograr que vaya donde uno quiera, hay que hacer algo más que golpear la pelota con el pie. Mucho más.

Usar botas de fútbol con las que uno se sienta cómodo, emplear la parte correcta del pie para golpear el balón, conseguir que el cuerpo se halle correctamente colocado en el momento del golpeo y saber adónde se quiere mandar la pelota; todo esto es esencial. Si no se dominan las técnicas básicas, nunca se estará seguro en la posesión del balón y no se estará en situación de poner en práctica las jugadas que aparecen en el resto del libro.

Consejos

I. A menos que no se tenga otra alternativa, hay que evitar usar la puntera de la bota. Esta área del pie confiere muy poco control o precisión, y nada resulta más torpe que ejecutar un "punterazo" optimista acabado en fiasco.

II. Trata de usar la parte interior o exterior del pie o el empeine para mejorar la precisión y la potencia del golpeo.

III. Fíjate en la posición del pie de apoyo en el suelo cuando ensayes un pase o disparo. Siempre debe hallarse cerca de la pelota al golpearla, ni detrás ni delante. Observa a los mejores jugadores ejecutando esta acción y repara en la posición del cuerpo al encarar el balón.

IV. Practica con regularidad –contra una pared es lo ideal– y recuerda emplear los dos pies para no depender únicamente de la pierna dominante. Mantén los ojos fijos en el balón al golpearlo.

Consejo principal

Hasta los mejores jugadores del mundo practican con regularidad las técnicas más sencillas. A menudo se podía ver a Eric Cantona solo en el terreno de juego practicando después de que sus compañeros de equipo del Manchester United hubieran acabado el entrenamiento.

A

La parte interior del pie es perfecta para pases precisos en distancias cortas.

B

Resulta difícil controlar los pases con el empeine exterior, por lo que será necesario practicar.

C

El empeine del pie se emplea para realizar pases o despejes.

1–3

Los pases con el interior del pie son la forma más segura y sencilla, pero la técnica debe ejecutarse correctamente. Sitúa la pierna de apoyo junto al balón, golpea (2) acompañando la bola con el área mayor del empeine interior y controla la fase de acompañamiento del balón con el pie para determinar la fuerza del pase (3).

1   2   3

1

2

A

B

C

El control al primer toque

La capacidad de controlar el balón empleando distintas partes del cuerpo y bajo la presión del contrario es vital para todos los jugadores. No importa lo frenético que sea el juego, todos los buenos futbolistas tienen tiempo para jugar la pelota. Esto se debe a que el primer toque les brinda la oportunidad de aprovechar las opciones y realizar una contribución eficaz al juego del equipo.

En la mayoría de los casos, sólo se dispone de unos segundos para la recepción y control de la pelota y para pasársela a un compañero. Si el control es deficiente, el balón se alejará demasiado, se perderá tiempo en ir a buscarlo y se malgastará la posesión.

Una vez perdida la posesión, habrá que trabajar el doble para paliar la situación. Hay numerosas formas y partes del cuerpo con las que controlar el esférico. Hay que dominarlas todas para controlar la pelota a cualquier altura y en cualquier ángulo.

CONTROL CON EL INTERIOR DEL PIE

Es un método simple pero eficaz de dominar el balón, y por ello el más corriente, ya que la parte interior del pie es el área mayor de la bota utilizable para controlar el balón. Si se realiza correctamente, al recibir la pelota con el área mayor del pie amortiguando el impacto, el balón quedará "muerto" suficientemente cerca como para ejecutar el siguiente movimiento.

AMORTIGUAMIENTO DEL BALÓN CON EL EMPEINE

El empleo del empeine para controlar un balón en caída es una técnica difícil pero que, una vez dominada, no sólo resulta eficaz sino de bella ejecución. Hay que elevar la pierna con antelación y amortiguar la caída del balón con el pie acompañándolo hasta el suelo.

MÉTODO ALTERNATIVO

La recepción del balón con la planta del pie es uno de los métodos más eficaces. No hay que perder de vista la pelota mientras se detiene ejerciendo ligera presión –aunque real– sobre ella desde arriba. No hay que pisar el balón porque podría escapar lejos del pie.

1–3
Adelántate adecuadamente y controla la pelota con el empeine interior (2). Amortigua la pelota para que caiga delante de ti (3) y ponte en movimiento con el balón bajo control.

A–C
La técnica del control de un balón en caída es difícil. (A) En el momento en que el empeine entre en contacto con la pelota (B), hay que acompañarla en su descenso atrayéndola hacia uno (C).

3

La estrella del Milán Paolo Maldini posee un control al primer toque inmaculado que le confiere tiempo para jugar la pelota con eficacia.

Control con el pecho y el muslo

La técnica para controlar el balón con el pecho o el muslo es muy similar. Consiste en observar la trayectoria de la pelota y amortiguarla con el cuerpo para que caiga muerta a los pies. Cuando se emplee el pecho es importante que el cuerpo esté bien colocado, de puntillas y echándose ligeramente hacia atrás en el momento en que el balón entra en contacto. Cuando el esférico golpee el pecho, comenzará a caer y estará bajo el control completo del jugador.

Cuando se controle el balón con el muslo, recuerda seguir la trayectoria de la pelota hasta que entre en contacto con él. El muslo debe adoptar un ángulo de 45 grados respecto al suelo.

Consejos

I. Mantén los ojos fijos en la pelota (no en el contrario) mientras ésta se aproxima y contacta con el pie, pecho o muslo.
II. Sea cual sea la parte del cuerpo empleada, adopta siempre una buena postura corporal antes de la recepción del balón.
III. Decídete pronto y ejecuta la jugada con rapidez. Tomar la decisión correcta y tener confianza en la propia habilidad para controlar una pelota difícil le confiere a uno ventaja.

Consejo principal

Busca una pared y úsala de frontón de forma que la pelota vuelva en distintos ángulos y a distinta velocidad, para mejorar la técnica de control.

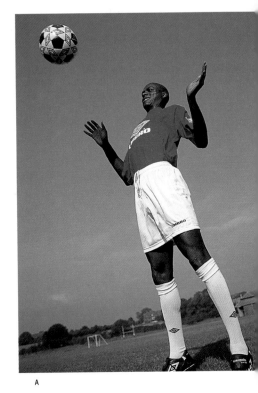

A

A – D

El pecho se emplea de dos formas para controlar el balón. En cualquier caso, hay que adoptar con antelación una posición corporal correcta (A). Para pasar el balón a un compañero o alejarlo de un defensa, mantente erguido y gira los hombros hacia un lado. (B). Alternativamente, puedes echarte hacia atrás y amortiguar la pelota para que caiga a los pies (C y D).

1 – 4

Al controlar el balón, a menudo sufrirás seguidamente el marcaje de un contrario; emplea, pues, el área mayor del muslo (2) para amortiguar la pelota y que caiga a los pies (3 y 4).

12 Golpeo correcto del balón   14 El control al primer toque

C

D

El golpeo de cabeza del balón

La técnica del golpeo de cabeza es una de las más descuidadas en el futbol, a pesar de ser muy valiosa. Un jugador con una buena técnica de golpeo de cabeza da buenos dividendos en cualquier equipo; los futbolistas que no saben cabecear, sin importar lo buenos que sean con los pies, nunca llegarán a ser *cracks*. Durante cualquier partido, el balón está en el aire al menos el 20% del tiempo que permanece en juego. Si no sabes jugar el balón cuando no está en el suelo, durante estos lances sólo serás un espectador del equipo. Pero no desesperes, es posible aprender a cabecear, sólo requiere práctica y un poco de valor inicial.

El primer obstáculo que hay que superar es el miedo a emplear la cabeza. Muchos jugadores no quieren arriesgarse a jugar por el aire; ciertos profesionales saltan a cabecear con los ojos cerrados, aparentemente por miedo al contacto inminente con el balón, cuando no hay que mostrar aprensión al cabeceo. Si cabeceas el esférico correctamente empleando la frente y manteniendo los ojos fijos en la pelota, no te pasará nada. A menos, claro está, que choques con un contrario en el proceso.

1–3
Observa el balón hasta que contacte con la frente (1), impulsa el cuello hacia delante (2) en el momento del contacto (3).

1   2   3

Recordemos que lo primero es llegar antes que el contrario a la pelota y, sobre todo, tener confianza: no hay que ser un gigante para ser un buen cabeceador. A pesar de la corta estatura del delantero colombiano Faustino Asprilla, su poderoso salto y habilidad para sincronizar los golpeos de cabeza hacen de él un adversario mortal incluso frente a los defensas más altos.

SACA CUELLO Y PRACTICA

El golpeo de cabeza consiste en tener fe en uno mismo, sentido de la oportunidad y una buena técnica. Y, como con cualquier otra de las habilidades que se enseñan en este libro, requiere práctica. Practicar con una pelota de tenis y un compañero es un medio ideal de mejorar la técnica y aumentar la confianza, recordando siempre que el punto de contacto, en la mayoría de los casos, es la frente. Es el área de la cual sacarás más partido. Los músculos del cuello también te ayudarán a conseguirlo. Observa a un buen profesional saltando a dar un cabezazo y verás que genera potencia y distancia en sus cabezazos al emplear el cuello y la parte superior del cuerpo. Tensa los músculos del cuello al echar la cabeza hacia atrás antes de atacar la pelota con intención. No dejes que la pelota te golpee simplemente la cabeza. Sal a su encuentro y acompáñala para conseguir esos centímetros extra, sobre todo en los despejes.

Consejos

I. En la mayoría de los casos, hay que emplear la frente, porque confiere potencia y precisión al cabezazo.

II. Tocar la pelota con la cabeza no hace daño. No hay que tener, pues, miedo a mantener los ojos abiertos en todo momento hasta el impacto.

III. Recuerda que no importa lo bajo o alto que seas, pues siempre podrás cabecear la pelota. Si eres bajo tendrás que concetrarte en calcular el momento del salto, la trayectoria del balón y el salto en el instante correcto.

IV. Emplea los músculos del cuello y la parte superior del cuerpo para aumentar la potencia y la distancia de la pelota. Los brazos ayudan a ganar altura y a equilibrarse.

Consejo principal

Una buena forma de mejorar la técnica del golpeo de cabeza y aumentar la confianza es practicar el salto y el cabeceo con una pelota en suspensión. Comprueba además cuántas veces puedes cabecear una pelota contra una pared sin que toque el suelo.

A

Los cabezazos defensivos consisten en ganar altura y distancia con la pelota. Toca la pelota por debajo e impúlsala hacia arriba con la frente.

B

La regla de oro al rematar de cabeza a gol es cabecear picando el balón hacia abajo. Calcula el momento del salto para quedar por encima del balón.

A   B

1

2

3

4

5

Malabarismo básico

En el pasado muchos entrenadores fruncían el ceño cuando sus jugadores pasaban tiempo haciendo malabarismos con la pelota durante los entrenamientos. "No estás en el circo... esto no te servirá de nada en un partido" era la advertencia que les llegaba desde la línea de banda. Por suerte, las actitudes han cambiado y ahora los beneficios de un buen virtuosismo con el balón son muy apreciados.

Lo mejor del virtuosismo es que son técnicas que se pueden practicar por libre en un área relativamente pequeña. El desarrollo de una técnica propia en el mantenimiento del balón en el aire mejora el control del balón cuando éste llega desde alturas complicadas. También constituye una buena diversión.

Hay que comenzar con el malabarismo básico con los pies. Deja caer la pelota sobre el pie y hazla rodar por el empeine y vuélvela a elevar para iniciar el movimiento. Una vez el balón en el aire, hay que mantenerse relajado: no plantes todo el peso sobre la pierna de apoyo, ya que no podrás ajustar la posición para seguir controlando la pelota en el aire. Golpea la pelota con firmeza (aunque no tan fuerte que pierdas el control) con la parte superior del pie. Mantén los ojos en la pelota en todo momento. Cuando estés tocando a placer la pelota con la pierna dominante, trata de jugar también con la otra.

Consejo principal

Observa a los profesionales cuando calientan antes de un partido. Muchos practican malabarismos con los pies para adquirir buen toque de balón.

1–2

Mantén siempre los ojos fijos en la pelota cuando practiques malabarismos. Es probable que la pelota se te escape o le des con una parte impropia del pie si en algún momento pierdes la concentración.

3–5

Controla el golpeo del balón y manténlo a la altura deseada. También es importante conservar la movilidad de los pies para reajustar la posición si se descontrola un poco el toque de balón.

1   2

Malabarismo con los muslos y control de la pelota en el empeine

CONTROL DE LA PELOTA EN EL EMPEINE

Mantener la pelota en el aire es una habilidad difícil de dominar, pero igualmente lo es el arte de controlar la pelota sobre el pie. El aprisionamiento del balón con el pie es el mayor test de control y equilibrio. En teoría, la técnica es muy sencilla: tocar la pelota manteniéndola en el aire y, al caer, poner el pie debajo y acompañarla en su descenso amortiguándola entre la parte inferior de la espinilla y la parte superior del empeine. Se eleva el pie hacia la espinilla para mantener la pelota aprisionada. Parece muy sencillo, pero el margen de error es mínimo: si no se coloca el pie en la posición exacta, la pelota caerá. La única forma de perfeccionar esta técnica es practicar una y otra vez.

MALABARISMO CON EL MUSLO

En el malabarismo con el esférico todo es innovación, por ello, cuando se consiga dominar la pelota en el aire con los pies, prueba con otras partes del cuerpo. El muslo es una superficie perfecta para el malabarismo, ya que su contorno es ancho y razonablemente plano.

Comienza dando toques de balón con los pies y cuando la pelota esté controlada, elévala hasta la altura del pecho. Cuando hayas dominado la técnica con una pierna, trata de alternar los toques con uno y otro muslo.

1–3

Mantener la pelota en equilibrio sobre el pie es una habilidad difícil de dominar. El arte consiste en colocar el pie debajo de la pelota lo antes posible. Acompaña el descenso empleando el empeine y luego atrápala entre el pie y la pantorrilla. Trata de mantener el equilibrio con la pierna de apoyo flexionada.

A–D

Los muslos son una superficie ideal para el malabarismo. Al descender la pelota, coloca el muslo en un ángulo recto respecto al cuerpo y golpea el balón hacia arriba. No dejes que la pelota toque simplemente el muslo, pues perderás el ritmo y no tendrás tiempo de colocar el muslo convenientemente para el próximo toque.

3

A

B

C

D

Mantener la pelota en equilibrio en el cuello

Si realmente te sientes seguro de tu habilidad con el balón, un gran paso adelante es practicar y perfeccionar el equilibrio de la pelota en el cuello. Aunque esta habilidad no tiene uso práctico durante los partidos, te enseñará la importancia del equilibrio, el control y el tener la vista fija en el balón.

Hay dos formas de iniciar este movimiento: elevando la pelota una vez inmovilizada en el empeine (véase la página 24) o mantenerla en el aire con toques de cabeza dados con la frente. Sea cual sea el método elegido, lo importante es mantener la pelota en movimiento por encima de la cabeza y agacharse debajo de ella mirándola todo el tiempo que sea posible. Cuando la pelota quede por encima del cuello hay que atraparla con éste y amortiguar su caída, alzando la cabeza para atraparla entre el cuello y los omoplatos.

HABILIDADES INDIVIDUALES
A medida que desarrolles la técnica, trata de controlar el balón de todas las formas distintas posibles. Esto te ayudará a improvisar durante los partidos cuando la pelota sea difícil de controlar. El talón es una buena superficie para controlar la pelota al igual que la parte exterior del pie, pero como en el resto de los casos, el control y la precisión sólo se consiguen con práctica.

1
Mantén la pelota inmovilizada en el empeine y elévala por encima de la cabeza.

2
Cuando la pelota pase por encima de la cabeza, hay que dejar caer los hombros y amortiguar la caída con el cuello.

3
Alza la cabeza para atrapar la pelota entre el cuello y los omoplatos.

4
La pelota está detenida. Trata de concentrarte en mantener el equilibrio.

A – B
A medida que ganes confianza, trata de usar otras partes del pie para los malabares. El talón es ideal para concentrarse en mantener el equilibrio y estar preparado para modificar la posición cundo no se golpea bien el balón.

3   4

A   B

El movimiento de Ardiles

Elevar la pelota por el aire proporciona una oportunidad de oro para desplegar tus habilidades. Muchos profesionales emplean movimientos de fantasía para elevar la pelota antes de sacar un córner o de realizar un tiro. Estas técnicas sólo se usan en el terreno de entrenamiento y tienen poca utilidad en los partidos, pero son muy divertidas y de bella ejecución. El movimiento más popular se asocia con Osvaldo Ardiles, que empleó esta jugada por encima de la cabeza (mostrada arriba) con gran alborozo del público en la película *Evasión o victoria*. El mediocampista argentino causó asombro al usar este malabarismo en un partido con los Spurs unos años después, pero para la mayoría de los jugadores sigue siendo un virtuosismo "exclusivo de los entrenamientos".

1
Inclina el cuerpo hacia delante mientras subes rodando la pelota con la suela de la bota (la derecha) por la pantorrilla de la otra pierna, que está apoyada en el suelo.

2
Cuando el balón llegue a la base del gemelo, mueve el pie derecho con rapidez lejos de la pierna apoyada.

3–4
Flexiona hacia atrás la pierna izquierda, golpeando la pelota para que pase por encima de la cabeza hacia delante. Vigila la pelota mientras está en el aire y cae sobre el pie.

A
Existen muchas variaciones del movimiento de Ardiles. En este otro caso la pelota asciende por un costado del jugador.

B
Inclínate hacia delante y sube la pelota rodando por el interior de la pantorrilla izquierda.

C
Adelanta el pie derecho y eleva el talón izquierdo hacia atrás, golpeando la pelota cuando suba.

1

2

3

La pinza

Hay muchas formas de elevar la pelota y todas requieren una técnica diferente. Para perfeccionar el movimiento de pinza se necesita poseer un buen toque de balón y pies rápidos. La pelota se eleva entre ambos pies y, al no hacerlo demasiado, hay que ser muy rápido poniendo el pie debajo del balón para controlarlo. Esta técnica ayuda a reaccionar con rapidez y a apoyarse con ligereza sobre los pies. El movimiento de pinza es popular entre los defensas que levantan el balón para cogerlo con las manos en los saques de banda; también es una forma elegante de comenzar las sesiones de malabarismo.

1
Coloca la pelota entre los pies manteniendo las piernas flexionadas.
2
Golpea con un pie el balón apoyándolo sobre el otro.
3
Levanta el pie para elevar el balón y ponerlo en el aire.
4 – 5
Ajusta tu posición y coloca el pie debajo de la pelota para comenzar una serie de toques.

PASES

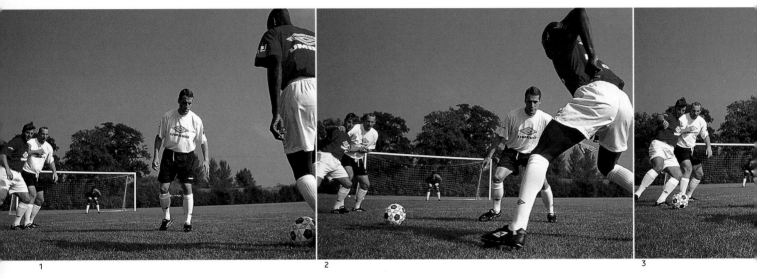

1

2

3

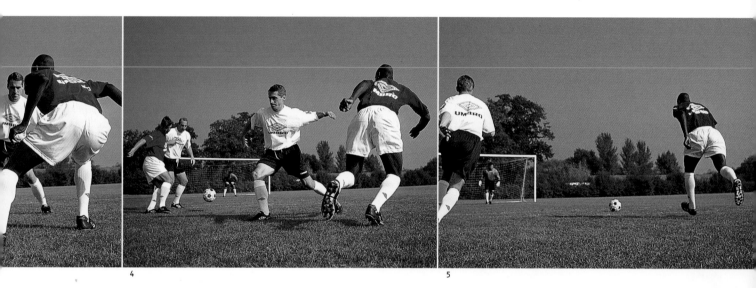

4

5

La pared

Hay muchas formas de sortear a un contrario que media entre la portería y tú. Uno de los métodos más sencillos y eficaces es hacer la pared. Si esta técnica se ejecuta correctamente, se supera al contrario sin tener que regatear. Todo depende de que el compañero intuya tus intenciones y reaccione con rapidez.

En el fútbol sala la práctica de la pared es sencillamente eso: un autopase contra la pared para rodear a un contrario. El mismo principio se aplica en los juegos practicados en campos de fútbol abiertos. La única diferencia es que se necesita a un compañero para hacer de "pared" y superar al marcador. Esta táctica es más eficaz cuando un mediocampista pasa el balón a un delantero centro al borde del área y prosigue la carrera para que le devuelva el esférico una vez superado el defensa.

Los mediocampistas atacantes y atléticos, incluido el alemán Andy Möller y el italiano Dino Baggio, son los mejores exponentes de esta jugada. Estos jugadores corren partiendo de posiciones en área propia y, a menos que sus marcadores les sigan arriba y abajo por todo el campo, crean oportunidades ofensivas.

Consejos
I. Tu "pared", la persona a la que pasas el balón, debe saber lo que pretendes. Desarrolla la compenetración en el campo de entrenamiento con los compañeros y practica esta jugada.
II. Para que el pase del compañero sea bueno, el tuyo debe ser primeramente un pase limpio y preciso.
III. Los defensores no se quedarán quietos a admirar tus movimientos, sino que te perseguirán. Por ello debes desmarcarte con rapidez después de pasar el balón y recuperarlo una vez superado el defensa.
IV. Asegúrate de que el pase al compañero trace un ángulo suficientemente abierto como para que el defensa no lo intercepte estirando la pierna.

1
El jugador de la derecha está siendo marcado por el defensa de blanco.

2-3
El atacante opta por pasar el balón a los pies de su compañero quien, de espaldas a la portería, mantiene a su marcador a distancia, y se prepara para devolver la pelota haciendo la pared.

4
La pelota se pone en juego detrás del defensa.

5
El primer jugador avanza corriendo a recibir el pase de la pared y chuta a portería.

El pase de tijera

Puede parecer un movimiento complicado, pero no lo es, siempre que se sigan unas reglas básicas.

1

Mira en dirección al pase que te llega estando de espaldas al defensa que te marca.

2

Flexiona las rodillas y sitúa el pie con el que tocarás el balón ligeramente detrás de la pierna de apoyo.

3

Justo antes de que te llegue el balón, realiza un pequeño salto con el pie de apoyo, levantando el otro pie listo para dar un toque al balón detrás de la pierna de apoyo.

4

Golpea el balón con el área mayor del interior del pie. Controla el toque de balón y nunca trates de imprimir mucha fuerza al esférico, lo más probable es que falles estrepitosamente.

Al ejecutar el pase, las piernas quedarán ligeramente cruzadas, de ahí el nombre de pase de tijera. Una buena sincronización y velocidad son críticas para ejecutar este movimiento y engañar al contrario. Trata de amagar el movimiento para que el defensa crea que intentas controlar la pelota para iniciar un giro, en vez de pasarla por detrás a un compañero en carrera. Al realizar este pase al borde del área contraria, puedes generar una jugada de gol. Tampoco es tan fácil de predecir como la pared.

arriba/derecha
Roberto Baggio se prepara para desplazar la pelota en torno a su pierna izquierda en un partido de la serie A con su equipo Bologna.

A – C
Esta jugada es eficaz cuando se emplea cerca del área de penalti. Trata de engañar a tu defensa y hazle creer que estás a punto de iniciar un giro.

1

El pase de pecho

El pase de pecho suele asociarse con los delanteros y no ha habido mejor exponente que el galés Mark Hughes. No sólo posee fuerza suficiente en la parte superior del cuerpo, sino también la destreza y capacidad necesarias para conseguir que un compañero de equipo entre en juego con un pase preciso y controlado a pesar de estar bajo la presión física más dura. En ciertas situaciones Hughes prefiere saltar para controlar un balón alto con el pecho a hacerlo con la cabeza.

El brasileño Romario también ha empleado esta técnica concreta con gran eficacia, prefiriendo mover la pelota al primer toque o efectuar un giro para encarar la portería que ralentizar el juego controlando el balón con el pecho para luego pasárselo a un compañero.

Esta técnica es ideal cuando el balón llega a media altura y puede dejarse caer con precisión a los pies o pasárselo a un compañero cercano.

1
Mantén los ojos clavados en el balón y sitúate en todo momento entre la pelota y el defensa. Abre los brazos para ofrecer un área de recepción más amplia.

2
Trata de anticiparte a la trayectoria del balón y sitúate convenientemente.

3
Cuando el balón se acerque, dobla las rodillas, échate ligeramente hacia atrás y ensancha el pecho para recibir el pase, sin perder de vista la pelota en todo momento.

4
Al echar el pecho hacia delante con un movimiento rápido, te aseguras de que el pase llegue a un compañero sin ser interceptado por el jugador que te está marcando. Fíjate en la posición de las piernas.

5
La pelota cae suficientemente muerta a los pies del compañero en carrera que se encuentra de repente con la oportunidad de tirar a puerta.

El pase de cabeza

El juego aéreo no es sólo para los centrales grandes y robustos con potencia para practicar despejes de cabeza de 27 metros, o para ágiles delanteros que saltan como salmones y consiguen cabezazos a velocidades de proyectil. El juego de cabeza es un arte apto para jugadores de todas las estaturas y tamaños.

Sea cuál sea la posición en la que juegues, en algún momento durante el transcurso de los 90 minutos, la pelota te llegará a la altura de la cabeza. En la mayoría de los casos las opciones son sencillas: tratar de conseguir el control del balón o enviar un pase de cabeza controlado a un compañero cercano. Controlar el balón con la cabeza es una técnica difícil de dominar, sobre todo si se tiene la presión de los contrarios, por lo cual en la mayoría de las situaciones la mejor opción es pasar el balón con la cabeza a un compañero.

Al igual que con cualquier forma de juego aéreo, la frente es la parte más empleada. Esta superficie es más ancha y plana, y brinda una buena oportunidad de controlar o amortiguar el balón sin que se desvíe hacia los ángulos. Por supuesto, habrá ocasiones en que la intención sea desviar la pelota a derecha o izquierda o hacia atrás a un compañero en carrera. En ese caso, el costado o la parte superior de la cabeza serán las mejores superficies para ejecutar tales pases.

Pocos jugadores emplearon los pases de cabeza mejor que Kevin Keagan y John Toshack cuando la armaban en ataque en las filas del Liverpool durante los años 70.

Tanto si Keagan pasaba el balón a Toshack como viceversa, el jugador que tocaba el balón de cabeza siempre parecía saber los movimientos y la posición de su compañero y de esta forma la pareja marcó muchos goles gracias a su compenetración.

En el fútbol moderno, el inglés Teddy Sheringham es un jugador puente muy inteligente que emplea la cabeza de muchas formas para abrir el juego a sus compañeros. Sheringham es sobre todo peligroso en las jugadas ensayadas: lanzamientos de falta directos cerca del área y saques de esquina; siempre sabe los jugadores que están en mejor posición. Si el ángulo es poco favorable para que Sheringham cabecee a puerta, invariablemente cabeceará hacia atrás al área de peligro para que un compañero remate. Por lo que al área defensiva se refiere, durante muchos años el defensa alemán Jürgen Kohler ha sido uno de los mejores exponentes del mundo en el pase de cabeza.

Consejos

I. Mantén siempre los ojos fijos en el balón hasta que hayas completado el pase.

II. Decide la parte de la cabeza que emplearás para golpear el balón y a qué compañero pasarás, y sitúa la cabeza y el cuerpo dispuestos a dirigir el pase.

III. El equilibrio es muy importante; es la capacidad de controlar la velocidad del balón.

IV. A diferencia de los cabezazos defensivos o los cabezazos a portería, el pase de cabeza necesita amortiguarse, por lo que los músculos del cuello y los hombros deberán estar relajados.

V. Deja que el balón llegue a la frente en vez de atacarlo con fuerza. Recuerda que la dirección imprimida al cabezazo es esencial.

1

El delantero de la derecha no tiene "ángulo" para cabecear a puerta.

2

Así que se levanta con antelación y dirige el cabezazo hacia atrás a un compañero.

3 – 4

El balón llega a los pies del jugador que se acerca a la carrera y puede chutar a puerta (4).

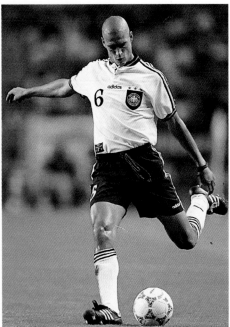

El pase
con efecto

Christian Ziege en acción jugando con su selección. Este defensa izquierda atacante se convirtió en un jugador habitual dentro del equipo nacional a mediados de los 90 tras sus impresionantes actuaciones con el Bayern de Munich.

Ziege, entrenando duro con su equipo y practicando el pase con efecto sorteando una barrera artificial.

Los pases con el interior del pie constituyen la forma de entrega más segura y una de las más eficaces, pero no siempre son la mejor opción. A veces es imposible encontrar un compañero para un pase directo. Una solución son los pases con efecto. El arte de imprimir una trayectoria parabólica al balón para sortear obstáculos es muy apreciado por los defensas.

Hay dos tipos de pases con efecto: golpeando el balón con el empeine interior, para que un jugador diestro arquee el balón de derecha a izquierda, o golpeando con el empeine exterior, con lo cual –si retomamos el ejemplo del futbolista diestro–, se arqueará el balón de izquierda a derecha. El margen de error al practicar un pase con el empeine interior es menor que con el empeine exterior. En cualquier caso, ambas técnicas requieren mucha práctica.

El pase con efecto suele emplearse para sortear a un contrario situado delante de un defensa que intenta pasar a un extremo que se halla cerca de la línea de banda.

Además de delanteros como Gianfranco Zola y David Ginola, la reciente hornada de defensas atacantes como Christian Ziege y Winston Bogarde son brillantes ejemplos del tipo de jugador que hace buen uso de esta técnica. Todos estos jugadores tienen un inmenso talento natural, pero esto no es óbice para que pasen horas en el terreno de entrenamiento mejorando la técnica. Con suficiente práctica también tú podrás añadir el pase con efecto a tu arsenal.

1

1
Mantén los ojos fijos en el balón al avanzar hacia éste.
2
Golpea el costado del balón apuntando hacia un lugar ligeramente alejado de su destino.
3
El jugador ha cruzado la pierna derecha durante la fase de acompañamiento para imprimir el efecto necesario al balón.

Consejos
I. Al golpear el balón con la parte interior del pie, "peina" el balón en vez de chutar directamente en medio del esférico.
II. Lo peor que puedes hacer es golpear el balón por debajo y no conseguir que el esférico pase rodeando al contrario. Golpea el balón con limpieza y seguridad.
III. A fin de conseguir el mayor efecto parabólico sobre el balón, exagera hasta el final la fase de acompañamiento con la pierna.
IV. Recuerda que pasar el balón no sólo consiste en hallar a un compañero, sino en entregarle un balón que pueda controlar con comodidad y jugar con eficacia.

1

2

La finta de pase

Tal vez la naturaleza no te haya dotado de la agilidad y soltura de piernas necesarias para realizar las fintas de pase más extremas (el pase invertido), pero con práctica todo el mundo puede perfeccionar una sencilla finta de pase.

Esta técnica es particularmente útil cuando se corre con el balón estrechamente marcado por un contrario y no se tiene un compañero al que dar un pase sencillo. Parece como si se corriera cada vez con más problemas y menos espacio para maniobrar. En la mayoría de los casos los jugadores optan por intentar un cambio de dirección, pero tu marcador estará esperando este movimiento. La alternativa consiste en picar el balón hacia atrás y en dirección contraria a la que se está corriendo y justo en el camino de un compañero.

Para ejecutar esta técnica necesitarás un buen equilibrio y capacidad para cambiar la dirección de la jugada y reajustar la posición de tu cuerpo y envolver el balón con el pie al realizar el pase. La clave de esta técnica consiste en conocer los movimientos de los compañeros y estar atento a lo que sucede a tu alrededor.

Los jugadores más pequeños con pies velocísimos como Peter Beardsley, Diego Maradona y Gianfranco Zola son capaces de girar, volverse y ejecutar pases invertidos durante carreras sin salida que parecían ir a ninguna parte.

1

El jugador de rojo parece ir a ninguna parte al cerrarle el contrario el paso e impedir que siga avanzando.

2

Al oír el aviso de un compañero, se dispone a seguir el único camino posible aunque no dé ninguna señal de que planea picar el balón hacia atrás.

3

Comienza a ajustar la posición del cuerpo, con la pierna de apoyo directamente detrás del balón. Los ojos siguen fijos en la pelota y no en el contrario ni en tu compañero.

4

Al pasar el pie en torno al balón girando la pierna en ángulo agudo, el jugador se halla en mejor posición para pasar el balón a un compañero.

5

Con un movimiento cortante y lateral, el jugador golpea bruscamente el balón para alejarlo del defensa golpeándolo con el interior de pie.

6

El pase es perfecto y repentino; el defensa, que parecía seguro de hacerse con el balón, es pillado por sorpresa.

Izquierda

Diego Maradona combinaba su maravilloso sentido del equilibrio y virtuosismo con una técnica de pase soberbia. El maestro argentino era capaz de sortear a sus contrarios sin esfuerzo aparente.

1   2   3

El pase de tacón

Esta técnica es útil para cambiar el juego y el ángulo de ataque. Con una técnica correcta, el tacón puede emplearse para realizar pases en ángulo recto (al costado) o directamente atrás. Todo jugador en carrera se encontrará normalmente a otro jugador bloqueándole el paso; pero, con un pase en ángulo recto a un compañero, puede dejar a su oponente fuera de combate. Emplear el tacón para ejecutar un pase en ángulo recto puede ser muy eficaz y resulta más difícil adivinar la intención.

El taconazo convencional es una técnica parecida que puede emplearse cuando un jugador encuentra su avance bloqueado por un contrario. Un taconazo a un compeñero situado justo detrás alivia la presión del contrario y ayuda al equipo a mantener la posesión. Asegúrate de que el compañero está suficientemente cerca para recibir el balón y sin un marcaje estrecho.

El antiguo capitán del Leeds y de la selección escocesa Billy Bremmer y su compañero de equipo en Elland Road Johnny Giles fueron grandes exponentes del pase de tacón que emplearon con eficacia para mantener la posesión de balón. En el juego moderno, el taconazo se emplea en todas las áreas de juego, desde las acciones defensivas hasta las de ataque, aunque sigue siendo una técnica favorecida por los mediocampistas.

1–2

El camino del atacante hacia la portería está bloqueado por un defensa y tiene que bordear el área de los 16,50 metros.

3

El atacante ejecuta un pase de tacón y mantiene a su marcador a raya golpeando el balón con el pie derecho.

4–5

El balón queda en la trayectoria del jugador de rojo que se interna en el área y tiene oportunidad de marcar un gol.

1

2

El pase bombeado

El pase bombeado es más ambicioso que el pase en parábola, siendo su margen de error más amplio, aunque, cuando se ejecuta correctamente, la recompensa también es superior. No conseguir suficiente altura en el pase supone entregar embarazosamente el balón al contrario; así pues, es importante practicar este pase y tener mucha confianza para ejecutarlo durante los partidos.

El pase bombeado puede usarse en todas las áreas del campo y cuando se emplea es muy productivo: en defensa se emplea para despejar cuando un contrario acude a bloquear; en el medio campo cuando uno está estrechamente marcado; o en ataque cuando un pase bombeado sobre un defensa llega a otro compañero o se convierte en gol.

La forma correcta de ejecutar un pase bombeado consiste en "cortar" el balón y meter el pie justo debajo de él. El contacto se establece con la parte inferior del empeine, no con la puntera, y la idea consiste en introducir bruscamente el pie y detenerlo para dar efecto hacia atrás al balón y elevarlo por el aire.

El bombeo requiere una elevación corta hacia atrás y, a diferencia del pase en parábola, no hay fase de acompañamiento con la pierna en la terminación del golpe.

El objetivo es que el balón gane altura suficiente y salve al contrario más cercano, para lo cual el cálculo de la distancia es tan importante como la técnica.

3

4

1
Adopta una posición correcta con el cuerpo y estudia la posición del compañero al que esperas que llegue el pase.

2
"Corta" el balón por debajo para imprimirle suficiente elevación y salvar la oposición del contrario.

3-4
El principal objetivo, por supuesto, no es sólo elevar el balón por encima del defensa, sino también que el compañero reciba un pase bien dirigido y medido, fácil de controlar.

Izquierda
Glenn Hoddle se echa hacia atrás y bombea el balón por encima del defensa del Manchester durante la repetición de la final de la Copa de la FA en 1981. El antiguo mediocampista del Spurs tampoco tenía problemas para intentar pases bombeados de 5 a 45 metros.

1

2

El saque de banda largo

Hay dos saques de banda eficaces. El lanzamiento corto, óptimo para mantener la posesión del esférico, y el lanzamiento largo, que se emplea en ataque para meter presión a la defensa contraria y crear oportunidades de gol.

Ambos tipos de lanzamiento tienen su papel en el fútbol. El lanzamiento largo es una poderosa arma de ataque, pero si se emplea en exceso, se vuelve predecible y los defensas tienen más oportunidades de conjurar su amenaza potencial. El uso del lanzamiento largo está muy extendido y muchos clubes cuentan con un experto.

El lanzamiento largo se emplea en todo el campo, desde la mitad del área contraria hasta el banderín de córner y la intención del lanzador es que el balón llegue cerca del punto de penalti o la línea de 5,5 metros. Los saques de banda poderosos y precisos son muy difíciles de contrarrestar.

No ha sido sólo en los últimos años cuando los futbolistas profesionales han empleado esta

táctica. En los días felices de la década de 1970, la predilección por esta jugada de Ian Hutchinson del Chelsea y de John Radford del Arsenal hicieron del saque de banda un arte. Aunque ambos eran delanteros altos y fuertes, un jugador moderno ha destruido el mito de que se ha de ser un gigante con brazos de Arnold Schwarzenegger para conseguir saques de banda largos.

El mediocampista galés Andy Legg, que ha jugador en las filas del Swansea, Notts County y Birmingham, pesa poco más de 63 kilogramos y mide sólo un metro setenta centímetros, pero hasta hace poco poseía el récord mundial del lanzamiento más largo en el *Libro Guinness de los Récords*. En un enfrentamiento en el estadio de Wembley, Legg consiguió un saque de 45,6 metros, aunque él afirma haberlo superado en algún entrenamiento. En consecuencia, es más cuestión de técnica, sincronización y práctica que de potencia muscular.

Consejos

El éxito del saque de banda largo depende de la longitud y exactitud del pase, además de saber y apercibirse de dónde se colocan los compañeros en la boca de gol.

I. Mantén ambos pies en el suelo cuando lances el balón, llevando ambas manos bien atrás. Recuerda no pisar la línea de banda antes de lanzar el balón.

II. Concéntrate en hallar un compañero y no sólo en lanzar el balón lo más lejos posible.

III. Para mejorar la distancia del saque hay que desarrollar la técnica y practicar con regularidad.

IV. Recuerda, el saque se ejecuta tanto con la espalda como con los brazos; por ello trata de desarrollar un movimiento de resorte al lanzar el balón.

V. Imprime toda la potencia posible al balón empleando también los dedos además de las manos y brazos. Finalmente, continúa la fase de acompañamiento del saque con los brazos.

1

Al arquear la espalda se emplea la fuerza de la parte superior del cuerpo además de la de los brazos. Levanta los talones y genera potencia ejerciendo presión sobre el antepié aunque sin dejar nunca de tocar el suelo.

2

Poder lanzar el balón muy lejos es una cosa, pero lo importante es saber dónde están tus compañeros y hallar a alguno.

3

Amplía la longitud del saque acompañando el movimiento con los brazos, imprimiendo al esférico un impulso final con los dedos. Mantén los pies en el suelo pero sin pisar el campo hasta que hayas soltado el balón.

4

Un compañero ha adivinado tus intenciones y, recurriendo al clásico movimiento del saque largo, lanza el balón hacia el área de peligro para que un compañero haga una jugada de ataque.

Falta directa de volea

Los antiguos ídolos del Coventry City Ernie Hunt y Willie Carr causaron sensación en el mundo del fútbol de los años 70 cuando protagonizaron una nueva jugada de lanzamiento de falta jamás vista antes.

En un partido contra el Everton, esta pareja se quedó delante del balón justo al borde del área de penalti, donde una barrera de jugadores del Everton protegía la portería. ¿Un tiro con efecto, un cañonazo rompedor... o quizás un tiro bombeado suave...? ¿Qué estarían tramando? La respuesta fue algo que pocos o nadie había visto antes. Carr estaba junto al balón, con un pie a cada lado, mirando la línea de banda mientras Hunt se acercaba para lanzar un disparo.

Al sonar el silbato del árbitro, Carr apretó el balón entre sus pies y, con un sutil movimiento, elevó suavemente el balón invitando a Hunt a que empalmara una volea a puerta. Es difícil decir si el portero del Everton fue engañado por la triquiñuela del movimiento de Carr o por la potencia del tiro de Hunt, pero el resultado final fue un gol espectacular del que hubo que dar la repetición una y otra vez.

Poco después, la pareja del Southampton Peter Osgood y Jim McAlliog probaron una versión alternativa. Osgood se quedó de pie justo fuera del área de penalti a la derecha de la portería y elevó ligeramente la pelota con el pie en un movimiento de cuchara mientras McAlliog cogía carrerilla para empalmar una volea. La naturaleza de los lanzamientos directos de falta "en volea" provocó la alarma en la Football Asociation inglesa, quien juzgó que esta jugada era una "triquiñuela" –no una táctica–, y por tanto ilegal y ajena al espíritu de este deporte.

1-3

El jugador con la pelota saca la falta en corto a un compañero que tiene delante de él. El jugador que recibe el balón lo levanta en el aire mientras su compañero se prepara para lanzar una volea a puerta. La velocidad del control y la elevación tienen importancia capital, porque los defensas de la barrera tratarán de impedir el tiro inminente.

4-6

La principal ventaja de este lanzamiento concreto de falta directa es que el jugador que volea puede chutar abriendo hueco en la barrera y disparar a puerta. Al generar más potencia con una volea también es posible "perforar" la barrera, de forma que los defensas que la componen se muevan para esquivar un balón que vuela directo hacia la portería.

Izquierda

El delantero Matt Le Tissier del Southampton y jugador de la selección inglesa coloca cuidadosamente el balón antes de lanzar una falta directa. Le Tissier es el autor más reciente de un lanzamiento de falta con elevación de balón y tiro de volea convertido en gol durante un partido de liga en 1996.

Falta directa con efecto

El tiro con efecto para rodear la barrera imprimiéndole velocidad es un arte que suele asociarse con los grandes jugadores brasileños. La técnica de Garrincha, Rivelino, Zico y, más recientemente, Roberto Carlos ha sido responsable de alguno de los momentos más espectaculares del moderno fútbol internacional.

En los últimos años, las mejores estrellas europeas como Gianfranco Zola, Thomas Hässler y David Beckham también han demostrado ser excelentes especialistas en lanzamientos de falta y que nada tienen que envidiar a los brasileños.

Sin embargo, es poco probable que alguna vez presenciemos un lanzamiento directo con efecto más "envenenado" que el conseguido por Roberto Carlos en Francia en 1996. Su increíble disparo en parábola durante el partido de Brasil contra Italia pareció desviarse varios metros de la portería hasta que volvió en parábola sin que el portero italiano Peruzzi pudiera hacer nada para reaccionar.

Tan extraordinario fue el tiro que un recogepelotas que estaba de pie a unos 10 metros de la portería italiana se agachó cuando Roberto Carlos golpeó el balón, creyendo que se desviaba de la portería y se aproximaba directamente hacia él.

Consejos

El dominio del arte de tirar faltas con efecto requiere no sólo habilidad sino también perseverancia. El efecto del balón no se consigue naturalmente, sino con práctica y voluntad, y perseverancia cuando no sale. La teoría es fácil de entender. Dirige el balón lejos de la portería, rodea la barrera y haz que la trayectoria en parábola encamine de nuevo la pelota hacia la portería. En realidad, no resulta tan fácil, pero daremos unos cuantos consejos para que lo consigas.

I. Observa la posición de la barrera defensiva y del portero, y decide por qué punto de la portería quieres colar el balón. No cambies de idea.
II. Hay que intentar introducir el balón justo por el interior de uno de los postes, lejos del alcance del portero. Para conseguirlo haz que el balón trace una parábola a un metro del exterior del poste.
III. Dar efecto al balón con el interior del pie (llevando el balón de derecha a izquierda si eres diestro) es mucho más fácil que usar el exterior del pie (dando efecto al balón de izquierda a derecha si eres diestro).
IV. Para dar efecto al balón de derecha a izquierda, golpea la mitad derecha del balón en vez de la parte media, como sería lo normal.

V. "Corta" el balón con el pie y exagera la terminación del movimiento con la pierna para imprimir el efecto al disparo en parábola.

Consejo principal

Antes de conseguir potencia, concéntrate primero en la precisión. Cuando consigas acertar la diana con un lanzamiento suave y con efecto, trata de aumentar la velocidad y potencia del tiro y el efecto imprimido al balón.

1
Observa la posición de la barrera y del portero. Coloca un compañero en el extremo de la barrera defensiva para tapar aún más la visión del guardameta. Si eres zurdo como el jugador que aparece en la fotografía, tratarás de dar efecto al balón con el empeine interior de izquierda a derecha apuntando justo a la parte externa del poste más alejado del portero.
2–4
Además de dar efecto al balón, también necesitarás imprimir velocidad para que supere o quede lejos del portero pero dentro de las mallas.
Izquierda
Los jugadores ingleses David Beckham (7), Paul Gascoigne (8) y Alan Shearer (9) ante un lanzamiento directo de falta al borde del área de penalti contraria. Cada jugador tiene una especialidad en el tiro libre, pero en esta ocasión es Beckham quien se adelanta a tirar la falta.

Falta directa convertida en pase

Cuando se lanza una falta directa justo al borde del área de penalti contraria, el equipo atacante dispone de varias opciones. Aunque ya hemos hablado de los lanzamientos con efecto como una posible alternativa, siempre habrá ocasiones durante un partido en que se pueda optar por algo más que un tiro directo.

Si la distancia a la portería es excesiva, si el ángulo es demasiado cerrado o, sencillamente, si hay demasiados defensas en la barrera o en línea de gol para que salga un lanzamiento bueno, entonces la alternativa tal vez sea convertir el lanzamiento en pase.

Quizá recuerdes el mundial de fútbol de 1994, cuando Tomas Brolin marcó un gol clásico con una jugada ensayada durante un partido contra Rumanía. Brolin cogió carrerilla hacia el balón desde la que parecía una posición poco peligrosa, pero en vez de tirar a puerta dio un pase a un compañero situado junto a la barrera, que disparó batiendo al poco atento guardameta rumano.

La ejecución de este tipo de faltas depende de si se ha convencido al equipo defensor de que la intención es tirar a puerta. Es una apuesta equitativa; tal vez cogas a la defensa desprevenida y no estreche el marcaje sobre los jugadores atacantes.

1

2

3

1

Hay tres jugadores atacantes implicados en la jugada: el que pasa, el que recibe y el delantero. Los defensas de la barrera creen que será un lanzamiento directo a portería.

2

El que va a recibir el pase se adelanta y se adentra en el área de penalti donde recibe un pase raso, preciso y seco.

3

Mientras tanto, el delantero, que se ha situado en el extremo de la barrera, ejecuta un reverso y se aleja de los defensas estáticos hacia la portería para recibir el segundo pase.

4

Con la defensa confundida, el delantero tiene el camino despejado y sólo le resta batir al portero.

4   5

El saque de esquina "envenenado"

Para que los saques de esquina sean eficaces, quien los lanza no sólo debe poseer una buena técnica, sino también debe saber lo que quiere hacer. Parece obvio, pero con demasiada frecuencia se lanzan córners sin sentido con más esperanza que determinación, a la espera de que le llegue el balón a algún compañero antes que a los defensas.

Los saques bombeados y precisos están bien, pero dan al portero y a los defensas medio segundo para reaccionar y conjurar el peligro potencial de la jugada. El saque de esquina "envenenado" puede ir dirigido al primer o al segundo poste y siempre genera incertidumbre entre defensas y porteros. Es muy difícil plantear una oposición real debido a la velocidad y trayectoria baja del balón.

Si el saque es bueno, hasta los mejores defensas no podrán responder al ataque con contundencia. Manchester United posee dos de los mejores lanzadores de saques de esquina del mundo: el jugador de la selección inglesa David Beckham y el jugador de la selección galesa Ryan Giggs. Uno es diestro, el otro zurdo, y representan una amenenaza constante en los córners.

Los mejores jugadores emplean el empeine interior, envolviendo la pelota con el pie para que trace un arco bajo hacia la portería. Fíjate también en que los jugadores de calidad varían los lanzamientos, mandando el balón al primer poste en un par de ocasiones, y lanzan el siguiente córner al segundo poste para confundir a la defensa. El internacional de la selección italiana Gianfranco Zola es letal en esta jugada a balón parado. Este minúsculo delantero es capaz de lanzar con ambos pies saques de esquina con precisión clínica e igual efecto.

Consejos

I. Los saques de esquina mal lanzados son frustrantes para todos. Tómate tu tiempo y consigue que el lanzamiento tenga calidad.

II. Estudia la posición de tus compañeros de equipo y decide a quién vas a pasar. Deberás saber cuándo echarán a correr y hacia dónde.

III. Imprime velocidad al balón y consigue un buen efecto para que sea difícil presentar una defensa ordenada.

1

El jugador que lanza el saque de esquina se ha situado de forma que pueda imprimir un efecto endiablado y superar la defensa camino de la portería. Golpea el balón con firmeza y decisión, con una ligera trayectoria de derecha a izquierda.

2-4

Lanza el balón de forma que quede lejos del portero y ofrece a los compañeros las mejores oportunidades de tocar la pelota antes que los defensas.

Izquierda

Un buen saque de esquina debe combinarse con un buen juego aéreo para que los córners sean eficaces. Ruud Gullit, que en esta fotografía jugaba con la Sampdoria, se consideraba uno de los mejores cabeceadores del mundo. En esta ocasión Gullit se levanta por encima de la defensa de la Roma para conseguir un remate de cabeza picado a portería.

Penaltis con el empeine interior

Tirar penaltis en los entrenamientos es pan comido, pero cuando se pide a un jugador que lance una pena máxima en el momento crucial de un partido de mucha tensión, el panorama es completamente distinto.

En momentos como éstos no se trata sólo de poseer una buena técnica o habilidad para chutar con limpieza, sino también una gran capacidad de concentración y buen temple. Si los nervios te traicionan y te asaltan dudas, la técnica de los jugadores pasa a segundo plano.

La introducción de los desempates a penaltis en las competiciones de copa ha aumentado el dramatismo, la tensión y los tiros marrados. El peor crimen de todos cuando se tira un penalti es no acertar siquiera con la portería. La regla número uno es decidirse adónde tirar el penalti y no cambiar de idea. Después de todo, se trata de golpear el balón con precisión y sin fallos. Sencillo.

La mayoría de los jugadores prefieren colocar el balón, dando más importancia a la precisión que a la potencia. A Eric Cantona, uno de los jugadores más fríos en el terreno de juego, siempre le gustaba lanzar los penaltis a la escuadra, mientras que, por ejemplo, el defensa de la selección holandesa Ronald Koeman solía decantarse por un método menos sutil. Al igual que en sus lanzamientos de falta, Koeman se valía más de la potencia que de la colocación para batir al portero y, en la mayoría de los casos, funcionaba.

1   2

Consejos

I. Cuando hayas decidido hacia dónde tirar el penalti, no cambies de idea al chutar. El resultado sería desastroso.

II. Mira la portería antes de chutar, y el balón cuando lo golpees. Mantén la cabeza hacia abajo para evitar mandar el balón "a las nubes".

III. Si prefieres la precisión a la potencia, escora el balón lo más cerca posible del poste.

IV. Muestra una actitud positiva y no pierdas la concentración.

Consejo principal

No mires al portero cuando tires el penalti, porque hará cuanto pueda para distraerte.

1–4

El penalti lanzado por alto con el empeine interior a la derecha o izquierda del portero es el más corriente y, a lo largo de los años, el más eficaz. Concéntrate en golpear el balón con limpieza y decisión hacia la escuadra elegida, empleando el empeine interior de la pierna dominante como muestra la fotografía.

A–C

Una táctica eficaz consiste en engañar al portero durante la carrerilla para que se tire al lado contrario al del lanzamiento. Haz como que vas a lanzar el penalti en una dirección y echa un vistazo a la esquina a la que quieres que el portero se tire. Este método puede resultar arriesgado, por lo que se recomienda haberlo practicado mucho.

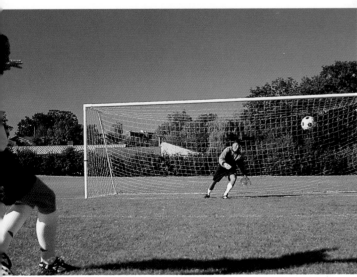

4

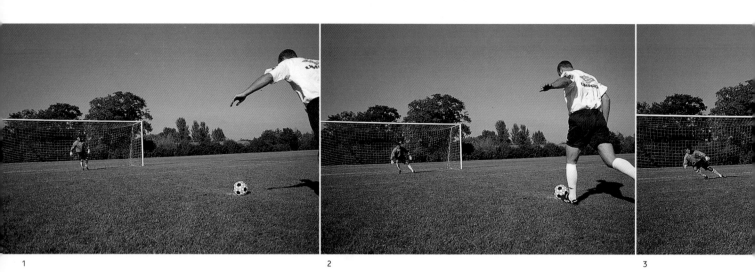

1   2   3

El penalti
a lo Panenca

Como los penaltis son la mejor oportunidad de que los porteros se conviertan en héroes, da por seguro que harán cuanto puedan para pararlos. En la mayoría de los casos, los guardamentas son tan avispados que se mueven antes y se lanzan en estirada en una u otra dirección. Esto brinda a los delanteros más fríos la oportunidad de marcar con uno de los movimientos más insolentes del fútbol: el penalti a lo Panenca. A la vez que el portero se lanza al suelo, el delantero pica un lanzamiento bombeado dirigido al medio de la portería superando por encima al portero. No podía ser más sencillo.

El delantero de Trinidad y Tobago Dwight Yorke recurrió a este penalti con gran eficacia en un partido de copa con el Aston Villa. El flemático delantero templó el balón por encima del portero y marcó el gol decisivo del partido. En esta ocasión el éxito llegó pronto. Sin embargo, el peligro de esta técnica es que si el portero aguanta de pie en medio de la portería bloqueará con facilidad el balón haciendo que el delantero parezca tonto.

El más claro ejemplo de un penalti a lo Panenca fallido se produjo en un amistoso internacional entre Inglaterra y Brasil en 1992. El delantero Gary Lineker fue el jugador elegido para tirar los penaltis por Inglaterra y en la portería brasileña estaba aquel día Taffarel. Lineker, que transformó dos penaltis en los cuartos de final de los Mundiales frente a Camerún en 1990, trató de batir a Taffarel con un penalti a lo Panenca, pero el cancerbero sudamericano adivinó su intención y tuvo tiempo de ajustar su posición y parar el balón. Lineker se quedó rumiando su fallo, ya que de haber marcado habría igualado el récord inglés de todos los tiempos conseguido por Bobby Charlton.

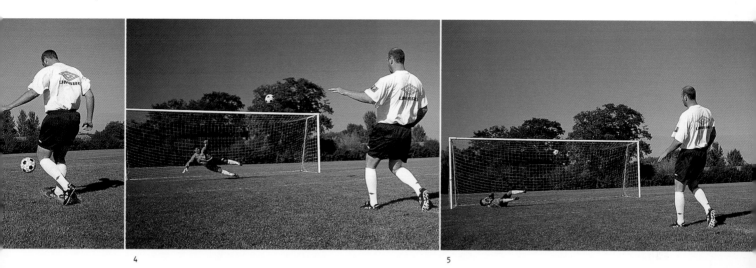

4   5

Consejo principal

La confianza lo es todo. De la misma forma que con cualquier penalti, nunca cambies de idea sobre la marcha.

1

Intenta engañar al portero mirando hacia una esquina de la portería.

2

Vigila la posición del portero mientras corres hacia el balón: quizás comience a moverse. Mira la pelota cuando chutes.

3

Corta el balón y no termines la fase de acompañamiento con la pierna.

4–5

El portero se lanza hacia un lado y la bola se estrella contra la red.

Izquierda

Dwight Yorke opta por bombear el balón por encima del portero Alan Kelly del Sheffield United. En esta ocasión el delantero acierta con la técnica y supera por alto la estirada del portero marcando el único tanto del partido.

ZAFARSE DEL CONTRARIO

1

2

El regate con finta

Pocos regateadores ha habido en la historia del fútbol como el legendario Stanley Matthews. Incluso George Best, un corredor mágico con el balón, admitió que Matthews era el maestro en esta especialidad, el "mago del regate" como se le conoció hasta que se retiró a la increíble edad de 50 años.

Sir Stan, como se le llamaba afectuosamente, gozó de una carrera de 30 años en los equipos de Blackpool y Stoke City. Fue en el Blackpool donde Matthews ganó la copa de la FA en 1953 tras una batalla épica con Bolton. Su actuación fue tan impresionante que al partido se le recuerda como "la final de Matthews". Este gran jugador también dio nombre a un movimiento clásico del fútbol, el regate con finta, que en inglés se llama "dummy", "shimmy" o más popularmente "Matthews".

Los defensas de los años 50 lo sabían todo sobre la habilidad de Matthews, en especial la finta que tantas veces empleó para rebasar a sus contrarios. Quizá supieran lo que iba a hacer, pero pocos conseguían pararlo. La astucia y habilidad de Matthews para cambiar de dirección, su control y cambio de ritmo lo hicieron imparable en su época.

3

4

74 El recorte de Cruyff   76 La finta de Beardsley   78 El regate con pisada   80 El túnel   82 Autopase   84 Rodar el pie sobre el balón

Consejo principal

Para ejecutar la finta tienes que exagerar el primer movimiento y obligar a tu marcador a que pierda el equilibrio. Observa a los mejores jugadores cómo exageran estos movimientos.

1

El defensa ha cerrado el paso al atacante dejándole sin salida. El atacante amaga una finta a la izquierda dejando caer el hombro como muestra la fotografía.

2

El defensa se mueve hacia la izquierda del atacante y, al hacerlo, el delantero cambia bruscamente de dirección, girando hacia la derecha y llevándose el balón con el exterior del pie derecho.

3–4

Desde esa posición agazapada que se ve en la fotografía, el atacante aleja el balón del defensa (no demasiado lejos) y esprinta rebasándolo. Cuando el defensa recupera el equilibrio, el atancante ya lo ha dejado atrás.

Izquierda

Stanley Matthews avanza por el lateral sin defensa alguno a la vista. El regate con finta llevaba su firma; en esta ocasión, como tan habitual era, no hay duda de que Matthews ha conseguido abrirse paso sorteando a cuantos se han puesto entre la portería y él.

El regate con bicicleta

Hay dos tipos de regate con bicicleta que han demostrado gozar de popularidad y ser eficaces en el fútbol moderno. El primero sólo requiere el empleo de un pie, que se eleva por encima del balón pasando del lado exterior al interior, seguido de un rápido movimiento de separación con el exterior de ese mismo pie.

El regate con bicicleta que aparece en las fotografías es para jugadores que tienen confianza en sí mismos y son hábiles con los dos pies, pues requiere una aproximación con el pie diestro, seguida de un toque de balón con el pie izquierdo (o viceversa).

Se trata de un movimiento que utilizan y en el cual confían delanteros como el brasileño Junihno o el holandés Marc Overmars. El movimiento requiere equilibrio, habilidad para el engaño y un rápido cambio de dirección. La idea consiste en hacer que el defensa crea que intentas rebasarlo por la derecha (su izquierda), pero, al pasar la pierna por encima del balón de uno a otro costado tienes la oportunidad de llevarte el balón con el pie izquierdo y regatear al defensa por su derecha. El defensa queda desequilibrado brindándote esos segundos vitales para marcharte de él.

1

Mientras el atacante se aproxima, el defensa observa que avanza con el balón conduciéndolo con el exterior del pie derecho. El defensa asume que su contrario intenta rodearlo por fuera.

2

En vez de darse un autopase y superar al defensa con el exterior del pie derecho, el atacante pasa ese mismo pie por encima del balón con un movimiento circular de dentro a afuera. Fíjate en que el defensa se desplaza hacia su izquierda.

3

El pie derecho está en el exterior del balón ligeramente adelantado para que el jugador cruce el pie izquierdo y se lleve el balón.

4

Al ajustar los pies con tanta rapidez, el pie derecho del atacante queda separado del balón y el interior del pie izquierdo está listo para un autopase con que rebasar al contrario con el exterior de la bota.

5

El defensa está listo para irse hacia su izquierda, pero el delantero cambia de dirección a su ataque y rebasa al marcador por el otro lado.

1
2
3

4

5

Pisando el balón

Siempre que surja el debate de quién es el mejor jugador del mundo, saldrá a colación en algún momento el nombre de George Best. Muchos dicen que Best era "el mejor". Era un genio del balón y posiblemente el jugador de mayor talento natural que haya salido de las Islas Británicas.

Aunque la carrera de altibajos de Best quedó truncada pronto, sobre todo al final, por la afición del jugador a la buena vida, su contribución a finales de los años 60 y comienzos de los 70 fue inmensurable. Dotado de un gran equilibrio, con velocidad del rayo y valiente, poseían más trucos futbolísticos que nadie de su época hubiera visto con anterioridad. Best era un espectáculo maravilloso para la afición; una pesadilla para los defensas.

Ganador de la copa de Europa en 1968, es probable que nunca llegara a la altura que su talento natural le pronosticaba; sin embargo, George Best alegró la vista a millones de personas... y todavía lo hace. La mayoría de los jugadores atacantes cuentan con un par de trucos en la manga. Best poseía un saco lleno, incluido el regate pisando el balón, un movimiento inteligente para tomar el pelo y avergonzar a los contrarios. Best mostraba el balón descaradamente a su marcador mientras corría hacia él y, justo cuando le iba a entrar, retiraba el balón con la planta de la bota y a continuación se daba un autopase hacia delante con un grácil movimiento. Incluso aunque sus contrarios supieran lo que Best quería hacer, no conseguían pararlo.

1
El atacante "enseña" el balón a su contrario al acercarse a él y el defensa se prepara a entrarle.
2
Al entrarle el defensa, el atacante pisa el balón y se dispone a retirarlo.
3
El cuerpo está perfectamente equilibrado mientras el atacante retira el balón empleando la suela de la bota. De hecho, ya se está preparando para usar el mismo pie y hacerse un autopase. El jugador ha girado el pie en ángulo recto al balón y está listo para superar al defensa por el exterior mientras éste sigue desplazándose hacia el otro lado para entrarle.
4
Mientras el defensa sigue su impulso para entrar al atacante, éste lo rebasa por el otro lado.

Pisar el balón con ambos pies

El maestro holandés Denis Bergkamp empleó esta técnica para marcar airosamente un maravilloso gol con el Arsenal en 1977. Enfrentado a un partido difícil y rodeado de defensas, Bergkamp recogió un balón suelto. Al primer toque retiró el balón con la planta del pie izquierdo; a continuación, giró sobre el esférico con el pie derecho, retirándolo en ángulo recto y emprendió una carrera en diagonal hacia la portería del Sunderland. Bergkamp finalizó el movimiento con una delicada vaselina para superar al portero del Sunderland.

A
Inicia el movimiento plantando el pie derecho sobre el balón.

B
Gira 90 grados mientras te preparas para subir el pie izquierdo sobre el balón.

C
A continuación gira otros 90 grados y aleja el balón.

Consejo principal
Uno u otro pie debe estar en contacto con el balón durante toda esta maniobra que requiere un equilibrio excelente... y, por supuesto, mucha práctica.

El recorte de Cruyff

Por los años 70, el fútbol era un juego de habilidad y entretenimiento. Aunque no cabe duda de que ganar también era importante, pero fue una década dominada por talentos individuales, grandes personalidades que deleitaban y enfervorizaban con su genialidades a los aficionados de todo el mundo.

Franz Beckenbauer, George Best, Jairzinho y Pelé era nombres conocidos en todos los hogares, pero fue el holandés Johan Cruyff quien se erigió en símbolo real de esta era del "fútbol de fantasía", un jugador muy equilibrado con un repertorio de habilidades impresionante.

El sistema del "fútbol total" de la selección holandesa en los mundiales de 1974 (Holanda perdió en una final clásica contra Alemania) cautivó por igual la imaginación de propios y extraños a este deporte.

Cruyff era el capitán de la inspiración de un equipo que desplegaba una técnica insultante y una visión de juego maravillosa, ejecutado todo ello con gracia y finura; todo preparado para desconcertar hasta a los mejores defensas. Uno de los muchos movimientos que perfeccionó, además de su habilidad para marcar goles extraordinarios, sigue llevando su nombre hoy en día: el recorte de Cruyff.

Si lo ejecutas correctamente, el recorte de Cruyff te permitirá superar a tu contrario y abrir un espacio por el cual avanzar, dejando al defensa completamente fuera de juego durante dicho proceso. Hazlo mal, y perderás inevitablemente la posesión del balón para tu equipo, razón por la cual sólo deberá emplearse en el área del contrario... y no al borde del área de penalti de tu equipo.

Cruyff dominaba el arte y son muchos los jugadores que lo han hecho desde entonces. Pocos mejor, en los últimos tiempos, que el inglés Paul Gascoigne, que ejecutó un perfecto recorte para zafarse de dos contrarios durante su inspirada actuación en los mundiales de 1990... ¡nada más y nada menos que contra Holanda!

La mayoría de los jugadores sólo realizan un recorte (por lo general a la derecha si el jugador es zurdo). Practica el recorte hacia ambos lados y serás una pesadilla para los defensas si consigues dominar ambos movimientos. La clave del recorte consiste en convencer a tu marcador de que vas a jugar el balón hacia delante para superarlo por el exterior. La posición de tu cuerpo debe hacerle pensar que es esto lo que vas a hacer, para dejarlo clavado en el último momento con un recorte.

Consejo principal

No hagas previsibles tus movimientos tratando de emplear con demasiada frecuencia el recorte de Cruyff durante los partidos. Tu movimiento se volverá fácil de adivinar. Mantén en vilo a los defensas usándolo de forma espaciada y sólo cuando sea necesario.

1

La base del recorte de Cruyff consiste en engañar al contrario. Aquí el atacante hace creer al defensa que quiere superarlo por el exterior, tal vez intentando un cruce o un disparo con el pie derecho...

2-3

...pero en vez de seguir con la pelota hacia delante, para con rapidez y rodea con el pie derecho el costado del balón, dando un toque al esférico hacia el otro lado por detrás del pie de apoyo.

4

Habiendo internado el balón por el interior del defensa con el empeine interior del pie derecho, el atacante gira bruscamente superando al defensa, que está terminando su movimiento hacia el lado del engaño.

Izquierda

Johan Cruyff, capitán del equipo holandés, muestra su excepcional control y equilibrio para engañar y superar a un defensa argentino.

La finta de Beardsley

Hace ya mucho tiempo que los futbolistas consideran a Peter Beardsley como el no va más de los profesionales. Resulta extraño que el Manchester United le dejara marchar sin jugar un sólo partido después de habérselo comprado al Vancouver Whitecaps por 200.000 libras. Sin embargo, esta pérdida para el Manchester supuso una ventaja para sus rivales y Beardsley ridiculizó con el tiempo la decisión del club de Old Trafford. Durante su gloriosa trayectoria en Carlisle, Newcastle, Liverpool, Everton y Bolton, Beardsley se ha ganado la reputación de jugador que pone toda la carne en el asador en los entrenamientos y partidos. Más de 50 comparecencias con la selección inglesa fueron sólo una recompensa para este creativo delantero que nunca tuvo miedo a experimentar y que perfeccionó muchos movimientos individuales, incluyendo la finta que mostramos aquí.

Beardsley es un jugador de pies velocísimos e incluso al final de su carrera deportiva siguió regateando y zafándose de los defensas con sus fintas y velocidad de movimientos.

1–2

Al acercarte a la carrera a un contrario llevando la pelota con el pie derecho, haz como si fueras a alejarte tocando el balón con el pie izquierdo.

3–4

Exagera la finta y el movimiento con la pierna izquierda antes de mover el balón con el pie derecho. Si se hace con rapidez, es una técnica muy eficaz; y sino pregúntaselo a los aturdidos contrincantes de Beardsley.

Izquierda

He aquí al carrilero en plena carrera: Beardsley dirige un ataque del Bolton durante la temporada de 1996-97.

3

4

El regate con pisada

Muchos términos se han empleado para describir el talento y la compleja personalidad de Paul Gascoigne. Desde elogios como "figura mundial" hasta desprecios como "tonto del bote", se han dedicado más columnas de revistas y periódicos deportivos a este futbolista que a ningún otro. Pero, si bien su actitud y profesionalismo se han cuestionado a menudo, nada se ha dicho en contra de su talento sin par.

Cuando su espíritu está sereno y su nivel de forma física está a la altura de las circunstancias, hay pocos mediocampistas en el mundo que puedan comparársele. Su toque de balón impecable, su enorme sentido del equilibrio, su maravillosa habilidad para correr con el balón y superar a los defensas, su potencia y agresividad se combinan con el olfato de gol de los buenos delanteros. Además, posee un prodigioso repertorio de habilidades técnicas que pone en práctica con suma seguridad en cualquier circunstancia.

Durante el mundial de Italia en 1990 hizo una perfecta demostración de los regates de Cruyff contra Holanda. Contra Escocia en la Eurocopa del 96 elevó el balón descaradamente por encima de Colin Hendry antes de empalmar una deliciosa volea. Estos ejemplos y otros muchos constituyen el catálogo de jugadas de Gascoigne, como este movimiento descarado que mostramos aquí y que ha convertido en algo propio...

Cuando Gascoigne ejecuta este movimiento, lo hace con tal sencillez que uno se pregunta por qué no lo practican más jugadores. La verdad es que es más difícil de lo que parece y requiere una pericia en el toque del balón de la que pocos jugadores están dotados. Como debe practicarse con el jugador en carrera y con gran celeridad de pies, es una técnica muy complicada. Es ideal al borde del área contraria, donde un cambio de ritmo puede permitir superar a un defensa y abrirse un hueco en el área de penalti.

1

Al correr con el balón antes de ejecutar este movimiento, es importante mantener los ojos fijos en el esférico y no en el hombre al que pretendes superar.

2

Coloca el pie derecho sobre el balón manteniendo cerca la pierna de apoyo.

3

Planta el pie derecho encima del balón con un mínimo de fuerza. No lo pises. En este momento, el contrario piensa que tú y la pelota os vais a detener, pero mientras el pie derecho sigue descansando sobre el balón adelanta el izquierdo para tocarlo.

4

Alivia la presión del pie derecho e impulsa la pelota hacia delante con el izquierdo mediante un movimiento rápido y de resorte. La maniobra de pisar el balón confundirá al defensa y te dará un metro extra de ventaja sobre él.

Izquierda

Un regate con pisada perfecto. Gascoigne levanta el pie izquierdo de la parte superior del balón mientras golpea simultáneamente el balón con el pie derecho.

1   2   3   4

El túnel

Uno de los mayores bochornos por los que puede pasar un jugador en el terreno de juego –aparte de marcar un tanto en propia puerta o fallar un gol con la portería vacía– es que le hagan el túnel. Para el jugador que consigue colarle el balón entre las piernas y superarlo alegremente dando un rodeo, la satisfacción es casi tan grande como marcar un gol. Para el contrario clavado con las piernas abiertas y rojo como un tomate, esta jugada supone una pesadilla que le perseguirá mucho después de haber concluido el partido, ya que hasta sus mejores compañeros gozarán recordándole el incidente.

La solución más sencilla, claro está, consiste en mantener las piernas cerradas cuando un contrario se acerca con el balón. En realidad, no es tan fácil como parece. Para empezar, si mantienes juntas las piernas no estarás bien equilibrado y, peor aún, no estarás bien colocado para arrancar en una u otra dirección. Mantén las piernas separadas, pero no hasta el extremo de invitar al jugador contrario a que intente colarte un túnel.

Para el jugador en posesión del balón hay, invariableme, mejores opciones a su disposición que jugarse la posesión e intentar colar el balón entre las piernas del contrincante. Son más los túneles que se frustran que los que salen bien, pese a lo cual para muchos jugadores supone un desafío irresistible cuya recompensa es inconmensurable.

Consejo principal
Es importante que sonrías durante la jugada y en todo momento recuerdes que no hay túnel completo sin el acostumbrado grito de burla mientras rodeas al abochornado contrario para seguir con el balón.

1
Mientras el jugador en posesión del balón se acerca al defensa, en seguida ve clara la oportunidad de hacerle el túnel al contrario con las piernas separadas.

2
Decide lo que vas a hacer y elige el momento adecuado para ejecutar el movimiento.

3
Cuando creas que el hueco entre las piernas del contrario es suficientemente ancho para que pase el balón, inténtalo.

4
En cuanto le hayas hecho el túnel (no con mucha fuerza, acuérdate), rodea al contrario para recuperar el balón. Si el jugador se está moviendo a la izquierda, ve hacia la derecha y viceversa.

Autopase con un contrario en la espalda

Este movimiento, también llamado "doblar la esquina", es una técnica que se ve con poca frecuencia. Jugadores inteligentes con un toque sutil de balón y espacio –como el brasileño Juninho y el italiano Alessandro Del Piero– son más aptos para ejecutar este movimiento que otros futbolistas más corpulentos y menos ágiles.

Es de vital importancia ser consciente de lo que sucede a tu alrededor, sobre todo en el espacio situado detrás de tu contrario por el cual esperas avanzar. El momento ideal para probar este movimiento es de espaldas a la portería con un defensa marcándote de cerca. Es probable que el contrario esté pensando que, cuando te llegue el pase a los pies, retendrás el balón para pasárselo a un compañero o que tratarás de girar con el balón e intentar un uno contra uno. Lo que no estará esperando es que trates de superarlo con un autopase y un reverso como el que aparece en las fotografías.

El brasileño Juninho es un jugador laborioso y diligente muy difícil de marcar en la mayoría de los casos. Este pequeño mediocampista, este mago del balón que encandiló a los hinchas del Middlesbrough durante su breve estancia en Teeside, siempre está moviéndose, siempre tratando de sacarse de la manga ocasiones de gol con su velocidad de pies. Su capacidad para ejecutar giros y regates a gran velocidad bajo estrechos marcajes hacen de él un jugador muy huidizo y difícil de parar. Y es su habilidad para realizar autopases en décimas de segundo frente a contrarios sorprendidos lo que le convierte en un jugador perfectamente pertrechado para ejecutar esta técnica del reverso con autopase.

1
Al llegarte el balón, sé consciente de la posición del contrario y del espacio situado detrás de él por el cual esperas superarle.

2–3
Al acercársete el contrario, inclínate hacia la izquierda y trata de realizar un suave autopase con el exterior del pie derecho. Fíjate en que el jugador busca cortar con el empeine exterior el interior del balón.

4
Si el movimiento es suficientemente sutil, el balón trazará un suave giro alrededor del defensa estático. Tú comenzarás a rodear al contrario por el otro lado. Al girar y rodearlo por la izquierda, podrás recuperar fácilmente la pelota.

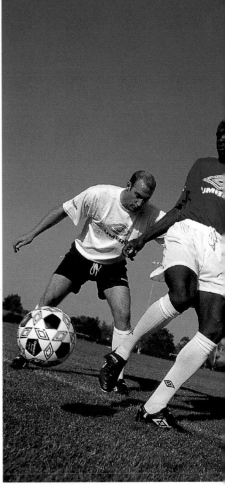

Rodar el pie sobre el balón

Las situaciones en las que el defensa se queda quieto y a la espera de que tú des el primer paso pueden resultar comprometidas. La mejor manera de superar a ese terco marcador es forzarlo a que te entre. Una de las muchas formas de engañar al contrario para que se mueva es rodar el pie sobre el balón. Se trata de una técnica sencilla que puede resultar eficaz si se ejecuta correctamente.

Al aproximarse al defensa hay que intentar engañarlo y hacerle pensar que vas a superarlo con un pase adelantado. Echa la pierna hacia atrás como si fueras a golpear el balón, pero mueve la pierna hacia el esférico con lentitud. En vez de tocar la pelota de pleno, haz rodar ligeramente el pie por encima del balón. El defensa hará algún movimiento y podrás cambiar de dirección y adentrarte por el pasillo que haya dejado abierto. El terco marcador se quedará clavado en el sitio sin posibilidad de perseguirte.

Mediocampistas habilidosos como David Ginola y Zvonimir Boban usan habitualmente esta técnica. También se emplea para forzar a los porteros a echarse al suelo en situaciones de uno contra uno (véase la página 108).

1
El defensa de blanco aguanta la posición mientras se aproxima el atacante de rojo. El delantero trata de desplazar al defensa y amaga un autopase de balón hacia la izquierda empleando el exterior del pie derecho.

2
El atacante está a punto de golpear el balón, pero en vez de hacerlo, rueda el pie por encima. El defensa adelanta el pie izquierdo para cortar el avance.

3
El atacante se pasa el balón al pie izquierdo fuera del alcance del defensa y avanza por el pasillo abierto por el defensa al desplazarse. El jugador de blanco se queda clavado en el sitio.

Izquierda
El brasileño Juninho es la pesadilla de todo defensa. El diminuto delantero combina un control excepcional del balón con su bajo centro de gravedad, lo cual le permite escapar airoso de estrechos marcajes y superar a los contrarios.

1

2

La volea

La volea es una técnica precisa que, cuando se domina, permite obtener resultados explosivos y espectaculares. No existe margen de error cuando se intenta empalmar el balón en el aire; si se falla, la pifia suele ser escandalosa. El sentido de la oportunidad, la coordinación, el equilibrio y la colocación del cuerpo son elementos esenciales para ejecutar esta difícil técnica.

Ha habido grandes jugadores a lo largo de los años que han sacado partido al perfeccionamiento de la técnica de volea.

Bobby Charlton, la leyenda del Manchester United que todavía posee el récord de goles marcados con la selección inglesa, tiene fama de ser uno de los más grandes chutadores. Pocos jugadores en la historia del fútbol han marcado goles tan espectaculares y desde tan lejos, una gran parte gracias a tiros de volea.

Conseguir potencia y precisión es muy difícil, pero para Charlton y muchos otros las horas de entrenamiento han dado sus frutos. Marco Van Basten, antiguo jugador del Milán y de la selección holandesa, era un jugador maravillosamente equilibrado de técnica exquisita, como demostró con efectos devastadores en la final de la Eurocopa de 1988. Van Basten sentenció la victoria de Holanda sobre la URSS con uno de los goles de volea más famosos de la era moderna. Desde un ángulo dificilísimo, el maestro holandés empalmó de volea un pase al primer toque de Arnold Muhren en el mediocampo y tras recorrer 55 metros superó a la figura petrificada de Rinat Dasaev en la portería soviética.

La sincronización y técnica de Van Basten se parecen a la de la estrella italiana Gianluca Vialli, cuyas habilidades han dado brillantez al fútbol europeo durante muchos años. También él ha marcado goles extraordinarios con voleas envenenadas durante una trayectoria deportiva espléndida que le ha reportado muchos trofeos y admiradores.

1

Fíjate en la posición del cuerpo del jugador que encara el balón a la media vuelta y extiende los brazos para mejorar el equilibrio.

2

Los ojos del jugador están permanentemente fijos en el balón, no en la portería, y mantiene su cabeza sobre el balón para que el tiro no se eleve mucho.

3

Empleando el empeine de la bota, el jugador empalma un disparo con todo el juego articular de la pierna para imprimir la máxima potencia.

4

Las ventajas de mantener la cabeza por encima del balón son patentes en esta fotografía, ya que el jugador acompaña el esférico más que cortarlo.

Consejo principal

Al igual que con los golpes de golf, la potencia se genera más con la sincronización del chut que con la fuerza imprimida al balón.

La vaselina

Conseguir superar con una delicada vaselina a un portero de 1,80 es el sueño de todo delantero, y la pesadilla de todo guardameta. Tal es el caso del portero escocés Neil Sullivan. El desafortunado cancerbero del Wimbledon fue batido con dos globos perfectos ajustados al milímetro durante las primeras semanas del comienzo de la temporada 1996-97. El más espectacular de estos goles fue una vaselina desde 45 metros de David Beckham del Manchester United. El mediocampista Nayim del Real Zaragoza también marcó un gol espléndido por encima del portero del Arsenal David Seaman en la final de la Recopa de Europa de 1995. Este gol fue más espectacular porque llegó en el último minuto de la prórroga.

En el sentido de la oportunidad radica la esencia de la vaselina. Si esperas demasiado, el portero retrocederá a tiempo de blocar el balón mansamente en la boca de gol. Sopesa las opciones y si la vaselina es oportuna y el portero está adelantado, prueba suerte. Sin sagacidad ni visión de juego no conseguirás perfeccionar esta técnica.

TÉCNICA BÁSICA

Para elevar el balón por el aire, hay que golpearlo por debajo con un golpe seco. Échate hacia atrás al chutar el balón y no termines la fase de acompañamiento. Practica hasta conseguir variar a voluntad la altura y la distancia de la vaselina.

1
El jugador se prepara para lanzar una vaselina empleando el empeine al ver que el portero está adelantado.

2
Como un jugador de golf con un golpe liftado, el delantero lanza un globo hacia la portería con un movimiento seco para lograr altura instantánea.

3
El chut del jugador es perfecto y gana suficiente altura y fuerza para superar al portero pillado a contrapié. Concéntrate en imprimir la velocidad y altura correctas para que salve el obstáculo del portero y se cuele entre los palos de la portería vacía.

Consejo principal
Comprueba la posición del portero nada más empezar el partido. Si le gusta esperar en el borde de la línea de 16,50 metros cuando el balón se juega en el medio campo, tal vez consigas colarle una vaselina.

Abajo, izquierda
David Beckham lanza una vaselina desde la línea de medio campo durante el encuentro de apertura del Manchester United en la temporada 1996-97 contra Wimbledon. Aunque el balón tuvo que salvar una distancia de más de 45 metros, Beckham simplemente ha imprimido un golpe seco al esférico y la fase de acompañamiento con el pie ha sido mínima.

1

2

La chilena

No hay visión más estimulante en el fútbol que ver a un jugador marcar un gol con una acrobática chilena. Momentos de improvisación como éstos se dan con poca frecuencia y aseguran que hasta los aficionados más serenos se pongan de pie para admirarlos.

Pocos jugadores en los últimos años han marcado tantos goles de forma tan poco ortodoxa como el mejicano Hugo Sánchez. El antiguo ídolo del Real Madrid, sin ser un delantero alto, era capaz de elevarse hasta alturas increíbles para conseguir una plétora de goles fantásticos. El ritual con que celebraba siempre los goles –un salto mortal– también se convirtió en uno de sus elaborados signos distintivos.

El antiguo delantero del Manchester United y de la selección escocesa Denis Law era muy dado a crear jugadas inesperadas. La naturaleza avispada de Law, su cuerpo atlético y su maravillosa habilidad lo convirtieron en un héroe en el Old Trafford, incluso a pesar de la relevancia de compañeros como Best y Charlton. Fue la extraña decisión de un árbitro excesivamente celoso de su oficio la que le robó a Law un gran gol en un encuentro de 1967 contra los Spurs. Girando en el aire para interceptar un pase cruzado del lateral izquierdo, este espectacular escocés estiró todos los músculos de su cuerpo para impulsarse y empalmar un gol con una chilena escandalosa. Reinó el silencio durante un instante antes de que el público rugiera de satisfacción. Los hinchas se habían acostumbrado a ver la alucinante factura de los golpes de Law, pero éste fue especial. Desgraciadamente, el gol fue anulado por el árbitro y borrado del libro de los récords, aunque no de la memoria de los que lo presenciaron.

Consejo principal
Tratar de golpear el balón cuando está a la altura de la cabeza o más arriba puede considerarse juego peligroso si hay algún contrario cerca, razón por la que es importantísimo ser consciente de su colocación.

AVISO
Las chilenas también pueden ser muy peligrosas para el que las ejecuta. Nunca recurras a este movimiento sobre superficies duras o césped artificial. En lo posible, practica con una colchoneta debajo que amortigüe las caídas.

1
El salto se inicia con el pie de apoyo, el cuerpo del jugador comienza a caer alejándose del balón. Fíjate en la posición de los brazos.

2
La pierna de apoyo se halla ahora al nivel de la cintura mientras que el pie con que va a chutar sigue en el suelo. De nuevo los brazos aportan equilibrio al tiempo que la espalda sigue arqueándose.

3
Con el cuerpo casi paralelo al suelo, la pierna con que va a chutar sube con rapidez aproximándose al balón. Fíjate en que los ojos del jugador nunca han dejado de mirar la pelota. La patada se completa cuando la pierna entra en contacto con el balón que pasa por encima de la cabeza del jugador hacia la portería. Los brazos descienden para amortiguar la caída en el suelo.

Derecha
El jugador francés David Ginola en pleno vuelo mantiene los ojos fijos en el balón y recurre a su agilidad atlética para empalmar una chilena perfecta.

3

La tijereta

Esta técnica es parecida en muchos sentidos a la chilena. Se emplea para empalmar balones que llegan a una altura entre la rodilla y el hombro, y debe su nombre al rápido cruce de piernas que ejecutan los jugadores en mitad del aire, parecido al movimiento de una tijera.

El internacional alemán Jürgen Klinsmann es uno de los mejores exponentes de este movimiento. Tal es la gala que ha hecho de su físico excepcional, que ha recurrido a la tijereta incluso cuando le han llegado balones a la altura de la cabeza. Con una técnica perfecta y la velocidad del rayo para mover las piernas en el aire, consigue potencia y precisión con un estilo sensacional.

Klinsmann, cuya carrera deportiva plagada de trofeos le llevó a jugar en Alemania, Italia, Francia e Inglaterra, ha marcado muchos golazos de esta forma, aunque uno de los más espectaculares lo marcó en la liga inglesa contra el Everton. A Klinsmann le llegó un balón a la altura del hombro de tal forma que parecía imposible ejecutar una tijereta, pero con un velocísimo movimiento de resorte generó tal potencia que Neville Southall, bajo los palos de la portería del Everton, a penas si pudo ver la pelota y menos hacer algo por que no se estrellara en la red.

JUEGO PELIGROSO

Al igual que la chilena, los árbitros a menudo consideran la tijereta como juego peligroso; por ello es importante asegurarse de tener espacio suficiente para ejecutar este movimiento con seguridad.

1

2

1

El jugador está de costado a la portería y mirando el centro chut que le llega del lateral derecho. El brazo izquierdo está extendido para mejorar el equilibrio y el jugador se apoya en la punta del pie listo para saltar.

2

Inclinándose ligeramente hacia atrás y con los brazos en cruz, el jugador mide la altura del pase y echa la pierna hacia atrás lista para empalmar el disparo.

3

Al contactar con el balón, la pierna de apoyo deja el suelo y el jugador vuela mientras la otra pierna gira a la media vuelta para encarar la portería.

4

Al dar la vuelta en el aire, el cuerpo del jugador queda mirando la portería.

Izquierda

En 1978 y 1979 Kevin Keegan fue elegido Futbolista Europeo del Año. Estos títulos fueron el reconocimiento a un jugador que combinaba una técnica considerable con una capacidad de trabajo sin parangón. Futbolista que nunca se arredró por la altura a la que le llegaran los balones, Keegan aparece aquí en medio del aire después de haber empalmado un chut con una perfecta tijereta.

3

4

No sólo hay que poseer una buena técnica de cabeza y agilidad para ejecutar este movimiento, sino también mostrar la bravura de un león. Tirarse en plancha a baja altura para rematar de cabeza en la poblada área de penalti significa correr el riesgo de recibir una patada en la cara.

No siempre es aconsejable meter la cabeza donde vuelan los pies, aunque un gol marcado con tal demostración de valor proporciona a los delanteros con redaños grandes satisfacciones. Jürgen Klinsmann es un delantero ágil y valiente que ha marcado goles maravillosos de esta manera. Dos de los predecesores internacionales de Klinsmann, Gerd Müller y Karl-Heinz Rummenigge, tampoco eran reacios a lanzarse en plancha a rematar el centro de algún compañero.

Tanto Rummenigge como Müller tuvieron la suerte de jugar y marcar en las finales del Mundial, Müller el tanto de la victoria en 1970 y Rummenigge un saque de esquina de Brehme en un partido en 1986 donde Argentina derrotó a la República Federal de Alemania. Estos prolíficos delanteros fueron suficientemente acertados como para añadir a su extenso casillero de goles tantos marcados en "zambullidas" en el área a pesar del peligro.

Pocos jugadores británicos en los últimos tiempos han mostrado mayor valor que el antiguo delantero escocés Andy Gray. A lo largo de su extensa carrera deportiva en el Aston Villa, en el Wolves y en el Everton de la primera división inglesa, Gray llevó su valentía hasta el extremo de recibir bastantes y dolorosas patadas. Pero siempre repitió esta técnica y aun en el crepúsculo de su carrera siguió lanzándose a rematar con cabezazos en plancha. Los hinchas del Everton recordarán un gol en particular que Gray marcó con su acostumbrado estilo "en picado", en una victoria clásica contra Sunderland durante la temporada de 1987 en que el club de Goodison ganó la liga. El público se levantó de sus asientos para vitorear a su ídolo cuando convirtió bravamente en tanto un centro bajo de Peter Reid con un poderoso cabezazo en la superpoblada área de los 5,5 metros.

ELECCIÓN DEL MOMENTO OPORTUNO

El cabezazo en plancha suele emplearse cuando la pelota llega a una altura entre el hombro y la rodilla. La otra opción de remate con balones a esta altura es la tijereta, pero se tiene menos control que con el cabezazo. Cada situación requiere una técnica distinta y, aunque tal vez valga la pena zambullirse entre las botas de los contrarios para marcar un gol de cabeza en la final de un mundial, no es la mejor opción arriesgar el cuello en un partidillo de entrenamiento.

El cabezazo en plancha

1

2

1
El jugador emplea la pierna izquierda para proyectarse hacia delante e interceptar un balón centrado desde el lateral que llega por debajo de la altura de la cabeza.

2
Ambos pies están en el aire y el jugador vuela en paralelo al terreno de juego en un clásico cabezazo en plancha, siendo la frente la que cabecea con fuerza el balón.

3–4
El jugador se lanza literalmente contra el balón para imprimir mayor potencia, girando la cabeza para dirigir el balón a la portería y extendiendo los brazos hacia delante para amortiguar la caída.

Consejo principal

Aunque metas la cabeza entre los pies de los contrarios y probablemente no quieras ver lo que va a pasar, debes mantener los ojos abiertos y fijos en el balón en todo momento. Un porrazo en el rostro te dolerá mires o no mires el balón; una vez que te hayas decidido a "zambullirte", no hay posibilidad de echarse atrás.

1

2

La cuchara

Sólo un jugador con total fe en sí mismo y algo más que arrogancia intentará esta forma tan particular de acabar un ataque. Hay formas más convencionales de batir al portero en una situación de uno contra uno, pero con esta técnica se garantiza el deleite del público... si sale bien, claro está.

Los goles marcados mediante la "cuchara" son pocos y muy espaciados en el tiempo. A pesar de todo, los aficionados al fútbol fueron testigos de una de las cucharas más audaces jamás vistas en los cuartos de final del campeonato de Europa de 1996. En un partido con pocas oportunidades para ambos equipos, el carrilero de la República checa Karel Poborsky pilló al portero portugués Vitor Baia completamente por sorpresa al elevar el balón por encima de él desde la línea de los 16,50 metros del área. El gol de Poborsky fue aún más notable, porque ejecutó la cuchara mientras corría hacia la meta contraria; la mayoría de los jugadores sólo intentarían esta dificilísima técnica a balón parado.

CUCHARAS Y VASELINAS

La cuchara y la vaselina tienen el mismo objetivo: superar por arriba al portero que está adelantado y hacer que el balón baje muy rápido para colarse por debajo del larguero en la portería. La vaselina puede emplearse cuando se chuta como mucho desde la línea de medio campo, si bien es difícil conseguir que el balón baje con rapidez suficiente cuando se está en el área de penalti. Estando cerca de la portería, la cuchara es una técnica más útil porque es posible elevar el balón por encima del portero desde el interior del área de penalti. Ambas técnicas exigen un nivel muy alto de destreza técnica y, por tanto, mucha práctica.

3

Consejos

I. Coloca el pie de apoyo junto al balón.

II. Échate hacia atrás al contactar con la parte inferior del balón.

III. No trates de golpear el balón con mucha fuerza.

IV. Lleva hasta el final la fase de acompañamiento de la pelota con la pierna y concéntrate en mantener el equilibrio.

V. Ten en cuenta el viento. Esta técnica se ve limitada cuando se juega con un viento fuerte, aunque cuando se tiene a favor puede resultar extremadamente productivo.

VI. Practica esta técnica en los entrenamientos. Trata de variar la fase de acompañamiento del balón para cambiar la velocidad y altura de las cucharas.

1

Mientras el portero se aleja de la portería, el delantero se prepara para ejecutar una cuchara. Es importante ralentizar el movimiento de la pierna antes de tocar el balón.

2

Para ejecutar la "cuchara" debes elevar la pierna durante la fase de acompañamiento como se muestra en la fotografía.

3

Batir por alto al portero es una cosa, pero otra muy distinta es que la pelota se cuele por debajo del larguero.

Izquierda

Karel Poborsky eleva el balón en su famosa cuchara en cuartos de final de la Eurocopa del 96 contra Portugal. Fíjate en que la pierna del delantero checo está en plena fase de acompañamiento.

El tiro con efecto

El arte de los tiros con efecto para sortear la barrera en las faltas directas quedó explicado en la página 56; sin embargo, los mismos principios se aplican cuando se intenta un tiro con efecto en terreno despejado. Como el jugador está corriendo, tal vez perseguido por un defensa a no más de un metro –compárese con los nueve metros en las faltas directas–, es lógico asumir que los chuts con efecto y en carrera son más difíciles que los lanzamientos a balón parado. Sin embargo, muchos jugadores tienen más confianza cuando golpean el balón en carrera y opinan que imprimen al balón una trayectoria más parabólica que si lo hacen en una jugada a balón parado.

En lo primero que debes reparar cuando quieras lanzar un tiro con efecto es en la posición del portero y en el punto de la portería por el que quieres meter el balón. Por lo general, cuando un jugador trata de chutar con efecto suele optar por el segundo poste, si bien algunos delanteros pillan por sorpresa a los porteros colando el balón por el primer poste. Si tratas de conseguir lo primero, debes chutar a un punto situado a la izquierda de la portería, haciendo que el balón pase lo más cerca posible del defensa y tratando de darle efecto para que se meta por dentro del segundo poste, pero lejos del alcance del guardameta.

Para conseguirlo, comienza lanzando el balón en torno a un metro fuera del poste, imprimiendo efecto con el empeine interior, de derecha a izquierda si eres diestro, y de izquierda a derecha si eres zurdo. Es importante golpear el balón con fuerza y efecto para que el portero tenga menos tiempo de cruzar la portería y despejar el balón. Una fracción de segundo es crítica en estos casos.

Muchos golazos se han marcado de esta forma y de la presente hornada de estrellas mundiales, jugadores como Ryan Giggs, Gianfranco Zola y Zinedine Zidane se llevan la palma. Zidane en particular posee una potencia, equilibrio y técnica extraordinarios que le permiten dar efecto al balón desde posiciones imposibles en apariencia, tal y como ha demostrado en numerosas ocasiones jugando con Francia y la Juventus.

1

2

1

Al colocar el cuerpo en ángulo recto respecto al balón y casi parelelo a la portería, se tienen más posibilidades de "envolver" la pelota con el empeine interior.

2

Para imprimir efecto de izquierda a derecha, golpea el lateral de la parte izquierda del esférico en vez de chutar al medio como harías normalmente. Dispara a un punto exterior a la portería y lejos del contrario más cercano.

3

Fíjate en que el cuerpo del jugador ha girado más de 90 grados desde la posición inicial. Esto se debe a la fase de acompañamiento del balón, esencial para imprimir efecto extra al esférico.

4

La pelota ha trazado una parábola por el exterior de la portería y entra en ella lejos del alcance de la estirada del portero.

El balón peinado de cabeza

Fue y sigue siendo la noche más grande para un club inglés en competición europea. El Manchester United era campeón de Europa, el primer equipo de su país en conseguir este estatus. Una victoria magnífica por 4-1 contra el poderoso Benfica; Eusebio y los demás, fueron inspirados por Bobby Charlton, que marcó dos goles en una noche inolvidable en el Wembley Stadium. Charlton era más famoso por sus poderosos disparos y goles desde lejos que por su habilidad para el cebeceo, pese a lo cual fue la cabeza de esta leyenda del Manchester la que abrió el camino a la victoria de los diablos rojos. El capitán del Manchester se elevó majestuosamente para cabecear un centro del defensa Tony Dunne y su fabuloso remate peinando el balón no dio opción alguna al portero Henrique del Benfica.

En la mayoría de los casos se emplea la frente para cabecear el balón. Después de todo, es la parte más plana de la cabeza y genera más potencia y permite mayor precisión. Sin embargo, la potencia no es lo más importante en los remates peinando el balón, sino la precisión. El margen de error en este tipo de cabezazos es mucho mayor. Una carrera al primer poste es una acción muy habitual. Muchas veces el jugador no llega a tocar lo suficiente el balón y no consigue variar la trayectoria o lo toca demasiado y le da de lleno devolviéndolo en la dirección en la que vino.

La clave de esta técnica es conseguir el contacto correcto con la parte exacta de la cabeza y en la sección debida del balón. Cuando se consigue acertar con estas tres cosas, son muchas las posibilidades de que se cabecee al lugar deseado. Para marcar un gol, el contacto tiene que ser real para imprimir velocidad suficiente al balón y batir al portero, tal y como muestra la fotografía.

1
El jugador está a punto de cabecear el balón en un ángulo de 120 grados respecto al centro a fin de poder batir al portero.

2-3
El jugador peina el balón con la parte lateral de la frente dirigiéndolo hacia la portería con un giro del cuello.

Izquierda
El maestro holandés Ruud Gullit muestra la fuerza de su juego aéreo para superar a un marcador y peinar el balón a puerta.

Consejos
I. Sincroniza la carrera para llegar al salto cuando el balón esté a una altura cómoda para cabecearlo.
II. Mantén los ojos fijos en el balón y no en la portería.
III. Trata de correr al encuentro del balón a fin de poder cabecear con facilidad con el costado de la cabeza.
IV. Gira el cuello al hacer contacto con el balón a fin de dirigirlo a la portería.

3

El disparo potente o "cañonazo"

La mayoría de los goles se meten desde el interior del área de penalti, pero una defensa estrecha puede dificultar la entrada en el área incluso a los mejores delanteros. Si el área de los 16,50 metros está bien defendida, la mejor posibilidad de marcar recae en un disparo poderoso desde lejos. Con demasiada frecuencia, los tiros de larga distancia son zapatazos esperanzados que no traen nada más que vergüenza al lanzador y la pérdida de una posesión al equipo. Sin embargo, con un poco de compostura y mucha práctica, también tú puedes empezar a marcar goles con cañonazos desde 20 metros.

En los últimos años muchos jugadores han marcado goles espectaculares con disparos desde lejos, pero nadie ha igualado la precisión y potencia del holandés Ronald Koeman. El antiguo defensa del Barcelona y de la selección holandesa adquirió una técnica inmaculada que le permitió conseguir goles tanto con lanzamientos de faltas como en campo abierto. Otro jugador que se ganó fama de cañonero fue el antiguo capitán de la selección alemana Lothar Matthäus. El poderoso mediocampista inspiró a la República Federal de Alemania la victoria en el mundial de 1990, marcando cuatro goles con un despliegue perfecto de "cañonazos".

GOLPEO DEL BALÓN

La sincronización, más que la fuerza muscular, es la clave de los tiros largos. Para golpear bien el balón, habrá que situar el cuerpo para conectar fácilmente con el empeine. La pierna de apoyo debe plantarse con firmeza junto al balón para contar con una base sólida con que generar la potencia necesaria para chutar. Golpea el balón con un movimiento continuo, y lanza un tiro raso manteniendo la cabeza directamente sobre el balón. Si le das un zapatazo al esférico y te echas hacia atrás con la cabeza mirando a lo alto –como muchos jugadores hacen– la pelota se perderá en las gradas y no en la red de la portería.

Consejo principal
No tengas miedo de probar suerte desde largas distancias si ves al portero dormido en los laureles. Una vez decidido a disparar, golpea la pelota con convicción y confianza.

1
La pierna de apoyo se planta junto al balón, la cabeza se mantiene sobre la pelota y el brazo extendido proporciona mayor equilibrio.

2
Golpea el esférico con convicción, manteniendo la cabeza baja. No chutes a la buena de Dios, busca la precisión tanto como la potencia.

3
La visión de un portero batido y la red reventando con el balón es una gran experiencia para todo jugador.

Izquierda
El mediocampista de la Juventus Zinedine Zidane lanza un pepinazo con la zurda desde el borde del área de penalti. Los poderosos lanzamientos de Zinade en la Juve y en la selección francesa le han dado el apodo del "oso" y la reputación de ser uno de los jugadores de mayor talento en este deporte.

Sentar al portero

Sólo queda el portero por batir y tienes que marcar... pero únicamente si actúas con frialdad. Con demasiada frecuencia los delanteros se bloquean en el uno contra uno y pierden la oportunidad de marcar. El arte de la finalización de las jugadas consiste en mantener el control del balón y esperar a tener una buena oportunidad antes de disparar.

El maestro escocés Kenny Dalglish se ganó fama de ser uno de los delanteros más tranquilos de la historia durante su larga trayectoria deportiva con Celtic, Liverpool y Escocia. Dalglish nunca se atabaló ni apresuró al salirle al paso un portero y siempre tuvo tiempo de medir sus disparos. Durante los 12 años en Merseyside marcó la impresionante cifra de 118 goles, pero ninguno más importante, o propio de él, que el tanto con el cual Liverpool ganó la copa de Europa en 1978 durante la primera temporada de Dalglish con los diablos rojos.

Con el marcador todavía 0-0 en el minuto 66, Dalglish recibió el balón con espacio para atacar la portería del Brujas. Al avanzar el delantero, el guardameta del Brujas salió a cerrarle el ángulo; Dalglish se paró (como si fuera a disparar) y elevó el balón en vaselina sobre el portero que se había echado al suelo para dar ventaja al Liverpool y terminar ganando el partido.

La técnica de la vaselina que empleó Dalglish es un método eficaz pero poco usado para meter goles en situaciones de uno contra uno. La clave consiste en esperar a que el portero tome alguna determinación al amagar un tiro antes de elevar el balón sobre el guardameta ya en el suelo.

Consejo
Intenta engañar al portero con un tiro amagado pero deteniendo el pie en el suelo.

1
No te acobardes cuando el portero cargue hacia ti. Pospón el lanzamiento hasta que se haya tirado al suelo.
2
Corta el balón sin acompañarlo con la pierna para elevarlo y superar al guardameta en el suelo.
3–4
El portero, que ha decidido tomar la iniciativa, se ve impotente ante la vaselina que entra en la portería vacía.

El regate al portero

Enfrentado a un portero que te sale al encuentro, las opciones de un delantero son limitadas: disparar cuando esté fuera de la línea de tiro, superarlo con una vaselina si se tira al suelo o tratar de regatearlo. Como demasiada frecuencia los jugadores dudan y se ven forzados a seguir la última opción y, por culpa de su indecisión, la pifian. Sin embargo, el regate del portero es una excelente opción siempre y cuando se actúe con decisión.

Al aproximarte al portero debes vigilar sus movimientos. Invítalo a tirarse al suelo, por ejemplo, amagando un disparo. Como alternativa puedes mostrarle el balón y, al intentar blocarlo estirándose en el suelo, alejarlo fuera de su alcance. También debes poner tu cuerpo en su camino. Al hacerlo tendrá que mantenerse estirado o cometerá falta sobre ti provocando el penalti. Con la portería a tu merced, debes chutar con firmeza al centro de la portería. Evita recrearte demasiado o demorar

el disparo. Montar el circo te puede costar caro, tal vez te quite el balón un defensa o, peor aún, tal vez falles el chut.

El croata Davor Suker ejecutó un perfecto ejemplo de terminación en el uno contra uno durante los cuartos de final de la Eurocopa contra Alemania. Enfrentado a la temible figura del gigantesco guardameta Andreas Kopke, el delantero rodó el pie sobre el balón. Kopke se estiró en el suelo pensando que Suker iba a disparar. Cuando Suker tuvo a su merced la portería, sólo tuvo que cumplir la sencilla tarea de impulsar el balón hacia la portería vacía. Un gol sencillo en que se combinó la rapidez de pensamiento con la celeridad del juego de pies.

Consejo principal
No tengas miedo ni cambies de idea al entrarte el portero. Hay más posibilidades de que si intentas disparar en ese momento, el guardameta consiga blocar el balón.

1

El portero deja los tres palos para entrarle al delantero que se aproxima a la portería.

2

El delantero pasa el pie sobre el balón cuando el portero se tira al suelo y aleja la pelota fuera de su alcance.

3

El portero se queda tirado en el suelo y el delantero, sin perder tiempo, manda el balón al fondo de las mallas.

Izquierda

El delantero brasileño Romario emplea su excelente equilibrio para seguir de pie y marcar gol, a pesar de la salida desesperada del portero italiano Pagliuca.

ÍNDICE

Todas las fotos: **Octopus Publishing Group Ltd.Alex Henderson** excepto las siguientes:

Action images
15 abajo, 64 abajo, 85 abajo, 102 arriba derecha.

Allsport
Clive Brunskill 78, David Cannon 44 abajo izquierda, Phil Cole 42 arriba izquier
Laurence Griffiths 77 arriba izquierda, M Prior 54 izquierda, Ben Radford 91 ab
derecha, 99 abajo, 109 abajo izquierda, Pascal Rondeau 42 abajo izquierda, M
Thompson 93 arriba derecha, Claudio Villa 37 arriba, Anton Want 105.

Allsport Historical Collection
Portada de la guarda, 68 abajo izquierda, 74-75 abajo, 95 arriba

CRÈDITOS FOTOGRÁFICOS

Colorsport
6, 49 abajo, 56 abajo izquierda/Olympia/Aldo Martinuzzi 61 abajo